KB120969

오십에 다시 읽는

이솝우화

인생의 변곡점에서 나를 다잡아 주는 묵직한 이솝우화

...

오십에 다시 읽는
이솝우화

까마귀야, 내가 될 테니까 있다면

새들의 왕이 되기에 부족하지 않을 텐데

강상구 지음

내 나이 오십,
이솝우화에서 길을 찾다!

일에일북

내 나이 오십,
왜 이솝우화를 읽어야 하는가?

필자는 어렸을 때 이솝우화를 책으로 읽기도 했고, 이야기로 듣기도 했다. 그때는 이솝우화가 '동물을 주인공으로 한 재미있는 이야기'일 뿐이었다. 그런데 지금은 어떠한가? 50대가 되어서 다시 읽어본 이솝우화는 많이 다르다. 어렸을 때 느꼈던 것과는 어떻게 다른지, 그 의미를 생각하며 이 책을 읽어보길 바란다.

50대는 여러 가지 경험을 한 세대다. 그렇기에 우화를 하나씩 읽다 보면 이야기의 뜻을 바로 알 것이다. 내가 경험했던 일과 똑같은 이야기가 있고, 직접 경험하지 못한 이야기도 있을 것이다. 어느 것이든지 이야기를 읽는 순간, 그 의미가 마음속에서 살아나 꿈틀거리는 경험을 할 것이다.

50대는 청년 세대와 노인 세대에 낀 일종의 '샌드위치' 세대라

볼 수 있다. 그만큼 50대만의 강점이 있다. 청년 세대에게는 없는 경험이 있고, 노인 세대가 부러워하는 체력이 있다.

우리가 살아가는 시대는 100세 시대다. 살아온 날보다 살아갈 날이 더 많은 나이다. 50년간 쌓아온 경험과 노년 세대가 부러워하는 체력을 바탕으로, 또 다른 50년을 살아가보는 것은 어떨까? 그 여정에 이 책이 동반자가 되어 서로 이야기를 주고받으며 찬찬히 걸어가고자 한다.

이솝(Aesop)은 기원전 6세기경에 활동한 고대 그리스의 작가다. 그는 노예 신분이었기에 인간으로서의 대우를 받지 못했다. 그만큼 그의 하루하루는 지옥 그 자체였을 것이다. 그럼에도 불구하고 여유로운 이야기를 지어내었다는 것은 우리에게 깊은 울림을 준다. 아무리 어려운 상황일지라도 마음만 먹으면 얼마든지 웃음과 여유로움을 찾을 수 있다는 것을 깨닫게 하기 때문이다.

어쩌면 그는 노예라는 신분으로 가장 낮은 곳에 있었기에, 땅과 하늘이 맞닿은 곳에서 일어나는 세상의 소리를 더 잘 들었을지도 모른다. 그는 생활고에 허덕이면서도 현실에서 작은 행복을 찾는 사람과 이미 가진 것이 넘치면서도 더 많이 가지려는 욕심 때문에 불행해하는 사람을 비교했다. 그러면서 '세상은 마음 씀씀이만 바로 하면 살 만한 곳'이라고 말해주고 있다.

그런데 일설에 의하면 그는 귀족이었는데도 먹고살기가 힘들어서 스스로 노예가 되었다고도 한다. 귀족은 체면과 격식을 차려야 하지만, 노예는 이런 것이 필요 없다. 오히려 노예의 신분으로 내려왔기에 먹고살기가 쉬웠을지도 모를 일이다. 어떤 일이라도 할 수 있고 체면치레를 할 필요도 없었을 것이다. 내리는 비만 막을 수 있다면 짚더미 위에서도 편히 잘 수 있으니 말이다. 그렇기에 사람들의 사는 모습을 재미있는 우화로 엮어내지 않았을까?

이솝의 우화에는 신과 사람, 그리고 동물이 등장한다. 이들은 주연이 되기도 하고, 악역을 맡기도 하고, 때로는 바보가 되기도 한다. 여우, 사자, 까마귀, 당나귀, 개 등 많은 동물들이 등장한다. 여우는 여우대로, 당나귀는 당나귀대로 이야기마다 고유의 캐릭터가 있다. 당대 인간들의 특성을 그 시대 사람들이 생각하는 동물에 대입해, 사람과 동물이 함께 사는 세상처럼 묘사했다.

『이솝우화』를 보면 2,600년 전이나 지금이나 사람들이 사는 세상이 별반 다르지 않음을 느낀다. 마차 대신 자동차를 타고, 직접 가서 소식을 전하는 대신 스마트폰을 이용하는 등 '도구'만 달라졌을 뿐이다. 그리고 당시 사람들의 생활이나 지금을 사는 사람들의 모습 역시 별다르지 않다.

　만일 이솝이 오늘의 세상에 와서 우리들의 모습을 본다면 '다시 새로운 우화를 쓰지 않아도 되겠구나'라고 생각하지 않을까? 오히려 자기가 지어낸 우화에 자부심을 느낄 듯하다.

　지금의 삶이 고달프고 미래에 희망이 없다고 느낀다면, 『이솝 우화』 중에서 내 처지를 가장 적절하게 표현하고 있는 이야기를 골라보자. 그리고 이야기 속의 주인공이 되어보자. 치열한 경쟁으로 견디기가 힘들다면 귀족의 신분을 버리고 가장 낮은 노예 신분을 자처한 이솝을 생각하며, '나만의 통쾌하고 새로운 우화'를 만들어보길 바란다.

강상구

제3장 자만하지 말고 계속 도전하기

제4장 사람들의 원망을 사지 않는 법

제5장 타인과 공존하는 삶

사람을 잘 가려서 만나는 법

달콤한 환상은 그저 환상일 뿐이다

위험을 이기는 항체를 만들다

신중하게 생각하고 행동하라

제1장

지나친 욕심은
독이다

참고 기다릴 줄
알아야 한다

✦ 조각상을 파는 상인

한 남자가 나무로 헤르메스(그리스 신화의 전령의 신. 목축과 상업의 신으로 숭배되었다) 조각을 만들어 시장에 내다 팔았다. 그런데 사러 오는 사람이 아무도 없었다. 그러자 남자는 조각상을 머리 위로 치켜들고 풍요의 신을 판다고 외쳤다. 지나가던 한 사람이 그에게 물었다. "이 보시오. 그 조각상이 그렇게 돈을 많이 벌어준다면 그 도움을 당신이 받지 않고 왜 사람들에게 팔고 있소?" 그러자 남자가 대답했다. "나는 지금 당장 도움이 필요한데, 이 조각상은 이익을 주는 걸 급하게 생각하지 않네요."

우리는 즐거울 때는 호기심으로, 어려울 때는 기대감으로 복권을 산다. 복권은 꿈을 꾸게 하는 마력을 발휘한다. 머릿속에는 이미 복권 1등에 당첨되어 멋진 집을 사고 자동차를 바꾸는 꿈까지 꾼다. 지긋지긋한 직장생활을 그만두고 해외여행을 떠나는 계획까지 세운다. 일주일간 무지갯빛 꿈을 꾸며 행복감에 젖는다.

드디어 당첨 발표날이 되면 1등 당첨을 기도하며 경건하게 스마트폰에 시선을 집중한다. 그리고는 누구에게도 복권이 있다는 낌새를 보이지 않고 은밀하게 번호를 맞춰본다. 그런데 애석하게도 맞는 번호가 없다. "그렇지, 복권 1등은 아무나 하나"라는 혼잣말을 하며 효용가치가 사라진 복권을 찢어 쓰레기통에 버린다. 그러고는 '다시는 복권을 사는 어리석은 짓은 하지 않겠어'라고 다짐한다.

'주식 투자의 귀재'로 불리며 세계 최고 부자의 대열에 선 워런 버핏. 그는 성공적인 투자를 위한 12가지 항목을 소개했다. 12가지 항목은 '자제와 참을성, 자신에 대한 신뢰, 분별할 수 있는 상식, 고통 감내, 끈기와 지속성, 편견 없는 아량, 냉정함, 겸손, 유연성, 자발성, 실수 인정, 혼란을 무시할 수 있는 능력'이다. 항목들을 자세히 살펴보면 5가지 항목이 '참고 기다리는 것'에 해당된다.

워런 버핏은 보통 사람들보다 독서량이 약 5배나 넘을 만큼, 독서광으로 유명하다. 심지어 16세 때 사업 관련 서적을 수백 권이나 독파했다고 한다. 그는 최고의 부자가 되어서도 회사에 출근하면 책 읽기로 업무를 시작하고, 책 읽기로 업무를 끝낼 만큼 독서를 생활화했다. 그는 오늘의 부와 명성을 얻게 된 것이 어릴 때부터 꾸준히 독서를 하면서 자신이 정한 원칙을 현실에 적용했기 때문이라 말한다.

맛있는 밥을 지으려면 일정 시간 밥솥에 열을 가하고 뜸을 들여야 한다. 이와 마찬가지로 우리의 인생도 성공의 결실을 거두려면 열정을 쏟아붓고 시간을 투자하며, 어느 정도 뜸을 들여야 한다. 일상에는 시작과 끝이 있고, 그 사이에는 통과해야 할 과정들이 있다. 아무리 좋은 쌀과 최고의 솥이 있다 해도 뜸 들이는 과정을 무시하면 맛있는 밥을 지을 수 없다. 그렇듯 중간 과정을 거치지 않으면 원하는 결실을 거두지 못하고 만다.

그렇다고 발등에 불이 떨어졌는데 소방차가 출동할 때까지 기다리라는 것은 아니다. 시급한 일이라면 어느 정도의 과정을 위반하더라도 임기응변의 태도가 필요하다. 당장 먹을 양식이 없다면 인력 시장으로 달려가서 일을 구하고, 이마저도 여의치 않으면 무료 급식소라도 찾아 허기를 면해야 한다. 아무리 장밋빛 꿈일지라도 가지가 꺾이고 뿌리가 뽑히면 무슨 소용이 있겠는가?

젊은 시절에는 눈에 띄지 않던 친구들이 오십을 넘겨 중년이 되면 두각을 나타내는 경우도 있다. 존재감 없이 미련하리만큼 묵묵히 일해오던 동료가 어느 날 최고의 자리에 오른 것도 볼 수 있다. 그 자리가 그냥 얻어진 것은 아닐 것이다. 그들이 걸어온 과정을 보면 어느 날 갑자기 최고가 된 것이 아니다. 엄청난 노력과 기다림 끝에 결실을 얻었음을 알 수 있다.

'성공'이란 조급함이 가져다주는 결실이 아니다. 조급함의 유혹을 참고 견뎌낸 기다림의 결실이다. 당장 응답이 없다고 불평하는 것은 승리자의 자세가 아니다. 더욱이 과정을 포기하는 것은 성공의 길을 스스로 없애버리는 것이나 다름없다.

앞서 살펴본 우화에서 조각상을 파는 남자는 '신은 노력이나 기다림 없이 당장 행운을 가져다주지 않는다'라는 이치를 알고 있다. 그럼에도 그는 성스러운 조각상을 가진 사람에게는 금방 행운이 주어진다고 외친다.

현명한 사람이라면 그가 거짓말을 하고 있다는 것을 알 것이다. 다만 당신의 마음 한구석에는 복권 1등에 당첨되기를 바라듯, 노력이나 기다림 없이 지금 당장 행운이 주어지기를 기대하고 있을지 모른다.

워런 버핏이 16세 때까지 사업 관련 책을 수백 권이나 읽었는데, 그 나이대의 학생이라면 잘 읽지 않았을 분야의 책이었다. 아마도 어른들은 사업 관련 서적을 탐독하는 아이를 보고 '조금 이상한 아이'라고 여겼을지도 모른다. 그러나 워런 버핏은 아랑곳하지 않고 관심 있는 분야의 책을 꾸준히 읽었다. 이것이 오늘의 워런 버핏을 만든 밑거름이 되었다.

지금 이 순간, 당신의 삶에서 출구가 보이지 않는다면 어떻게 하겠는가? 희망이 없는 인생이라며 그저 내버려두겠는가? 아니면 성공으로 가는 길에서 겪는 하나의 과정이라 여기며 담담하게 받아들이겠는가?

이 책을 읽는 당신의 나이는 중요하지 않다. 마흔이 넘었든 쉰이 넘었든, 물리적인 나이를 생각하지 말고 16세라고 생각해보자. 앞으로 많은 시간이 남아 있기에 참고 기다리는 일이 좀 더 쉬워질 것이다.

지금 맹세했다면
그대로 실천하라

✦ **여행자와 헤르메스**

먼 길을 가야 하는 여행자가 있었다. 그는 여행 중에 무언가를 찾으면 헤르메스에게 절반을 바치겠다고 맹세했다. 이후 그는 길에서 아몬드와 대추야자가 든 보따리를 발견했다. 그는 돈 보따리일 거라고 생각했지만 보따리 속에 든 것을 보고는 모두 먹어버렸다. 그는 아몬드 껍데기와 대추야자 씨를 주워 제단에 올려놓으며 이렇게 말했다. "헤르메스 신이시여! 제가 떠날 때 약속한 것처럼, 발견한 것의 안과 밖을 당신과 나눕니다."

화장실은 사람들의 마음을 정반대로 바꾸는 마법 같은 장소다. 다급하게 문을 열고 들어갔다가도 볼일을 다 보고 나면 언제 그런 일이 있었냐는 듯 여유가 생기기 때문이다. 화장실에서는 수시로 변하는 인간의 본성이 적나라하게 드러난다. 그나마 화장실은 인간의 의지가 특별히 담겨 있는 것은 아니지만, 의도적으로 약속을 뒤집어버리는 사람들이 있다.

"돈을 빌려주면 며칠 내로 갚겠다"라고 약속했는데도 돈 갚을 생각이 없는 사람들이 있다. 돈 빌릴 때의 다급함은 잊어버리고 언제라도 되돌려주기만 하면 문제없다며 마냥 미루기만 한다. 병을 낫게만 해준다면 전 재산을 팔아서라도 무엇이든 하겠다며 맹세하지만, 병이 나으면 어떤 약속을 했는지조차 잊어버리는 사람들도 있다. 이유 불문하고 어려움을 모면하기 위한 기만적인 행위일 뿐이다.

어린이들이 온갖 말과 제스처로 거짓말을 진실인 양 말할 때, 어른들은 거짓인 줄 알면서 속아주기도 한다. 그런데 어른들의 계산된 거짓말은 여간해서 판단하기가 쉽지 않다.

신은 어른의 거짓말을 모를까? 어른이 어린이의 거짓말에 속아주듯이 신 역시 어른의 거짓말을 즉각 판단하지 않고 스스로 반성하기를 기다린다. 문제는 하나의 거짓말이 또 다른 거짓말을 낳아 돌이킬 수 없는 지경이 된다는 것이다.

사람들은 거짓말을 자신의 일이 아닌 다른 사람의 행위라고 생각한다. 당신도 그렇게 생각하는가? 그렇다면 일상에서 말하는 것을 녹음해서 들어보라. 자신의 입이 얼마나 많은 거짓을 토해내고 있는지 깨달을 것이다.

거짓말이란 언젠가 들키기 마련이다. 가장 먼저 자신의 양심에 들킨다. 그런데 양심은 첫 번째 거짓말에 가책을 느끼지만, 거듭되는 거짓말 앞에서는 무릎을 꿇고 만다. 급기야 자신에게 속아 그 말이 거짓인지 참인지조차 모를 때가 있다.

영국의 소설가 조너선 스위프트는 "한 가지 거짓말을 하는 자는 자신이 얼마나 무거운 짐을 지게 될지 모른다. 하나의 거짓말이 통하려면 20개의 거짓말을 발명하지 않으면 안 된다"라고 했다. 즉 거짓이 거짓을 낳는다는 뜻이다.

최근에 거짓말을 한 적이 있는가? 이를 정당화하기 위해 또 다른 거짓말을 한 적이 있는가? 그렇다면 또 다른 거짓말을 생산하기 전에 속 시원히 고백하라. 자기 마음 밖에서 서성이던 양심이 제자리를 찾게 될 것이다. 잘못을 깨달았다면 지체 없이 사과하라. 거짓말을 정당화하느라 또 다른 잘못을 범하지 마라.

맹세할 것이 있는가? 그렇다면 잠시 멈춰서 맹세의 내용을 살펴보라. 한 번 맺은 맹세는 되돌리기 어렵다는 사실을 명심하고, 거짓 맹세에 발목 잡히지 마라. 거짓 맹세는 불신이 되어 자신을 따돌릴 것이다. 이렇게 따돌림을 당하면, 어려울수록 무시당하는 존재가 된다.

거짓 맹세를 해본 경험이 있다면 이제는 멈추길 바란다. 지금 맹세한 것이 있다면 그대로 실천하라. 추락된 신용을 회복하고 양심을 되돌리자.

남의 것이 아닌
내 것에 집중하자

✦ 갈까마귀와 비둘기

갈까마귀 한 마리가 집에서 잘 먹고 지내는 비둘기를 보고, 먹이를 얻어먹기 위해 자기의 깃털을 하얗게 칠하고 나타났다. 갈까마귀가 조용히 있자 비둘기는 갈까마귀를 자기의 무리로 여겼다. 그러던 어느 날 갈까마귀가 울음소리를 냈다. 비둘기들은 낯선 소리를 듣고는 갈까마귀를 쫓아냈고, 갈까마귀는 집으로 돌아가야 했다. 갈까마귀 무리들은 하얗게 변해버린 갈까마귀를 알아보지 못하고 무리에 끼워주지 않았다. 결국 양쪽 먹이를 원했던 갈까마귀는 어느 쪽에도 속하지 못했다.

필자가 채용 면접을 할 때 20대와 30대 중반의 지원자가 함께 있는 경우를 볼 때가 있다. 모집요강에는 '해당 분야 이외의 경력은 인정하지 않는다'라는 조항이 있음에도 30대 중반의 지원자가 새로운 분야에 지원한다. 몇몇은 한 회사에서 오랫동안 근무하지 못하고 이 직장 저 직장을 전전한 사람들이다.

30대 중반이라면 대개 직장생활을 5년에서 많게는 10년 정도 했을 것이다. 만약 한 직장에서 10년간 근무했다면 관리자 급이나 전문가가 되었을 것이다. 보수도 10년이라는 경력에 걸맞게 받을 것이고 말이다. 그런데 직장을 자주 옮기면 전문성을 쌓을 시간이 줄어 이직을 할 때마다 경력을 인정받지 못하고 신입 대우를 받는다.

면접자에게 회사를 지원한 사유를 물어보면 대개는 이렇게 대답한다. "이전 직장에 비전이 없었다거나 업무가 적성에 맞지 않았다"라고 말이다. 그런데 아이러니하게도 그들이 지금 입사하려는 회사에도 비전이 있는지, 업무가 적성에 맞을지는 알 수 없는 일이다. 그들이 착각하는 것이 있다. 바로 '비전이란 누군가가 만들어주는 것이고, 누군가가 자기의 적성을 발견해서 그 적성에 맞는 일을 맡겨야 한다'는 생각이다.

갈까마귀의 사냥 능력과 활동 범위를 비둘기가 따라올 수 없다. 그런데 우화에서 갈까마귀는 본인의 강점은 까맣게 잊고, 먹이를 쪼아 먹고 있는 비둘기를 부러워했다. 그리고 비둘기의 집단에 들어가 자신의 강점을 사장(死藏)시키고 만다.

30대 중반의 경력자가 학교를 갓 졸업한 20대 청년이나 사회 초년생과 일하는 것은 비둘기로 변장한 까마귀 이야기와 다를 바 없다. 당장은 만족하더라도 사회 경험은 어떻게 할 것이고, 나이 차이는 어떻게 극복할 것인가? 세대 차이로 인한 갈등은 어떻게 해결할 것인가?

비록 업무가 마음에 안 들더라도 이전의 일을 꾸준히 했다면 나름의 기술을 습득했을 것이다. 그 안에서 잘하는 것을 찾고 비전을 발견했다면, 다시 초년생이 되는 수고로움은 면하지 않을까?

130년의 농구 역사상 가장 위대한 선수로 평가받는 농구 황제 마이클 조던은 아버지의 갑작스러운 사망에 충격을 받았다. 그래서 농구계에서 은퇴하고 야구선수로 전직했다. 그는 메이저리그 야구팀인 시카고 화이트삭스에서 농구선수 시절처럼 인정받고자 동료보다 2시간이나 훈련장에 먼저 나와 연습하며 새로운 도전에 열정을 불태웠다. 그런데 천부적인 운동신경이 있었음에도 한계에 부딪쳤다. 조던은 다시 농구 코트로 복귀했고, 현란한 몸놀림으로 황제의 면모를 되찾았다.

남의 떡이 커 보이고, 이웃집의 잔디가 더 푸르게 보일 때가 있다. 막상 내가 갖고 있을 때는 존재감 없던 물건도 다른 사람이 갖고 있으면 좋게 보인다. 비교하는 순간, 부러움 때문에 갖고 싶다는 욕망이 생긴다. 내 손에 든 것은 안 보이고 다른 사람의 손에 든 것만 보인다. 자기 장점보다 다른 사람의 장점만 보인다. 자기 손에 쥔 것은 하찮게 보이고, 다른 사람이 쥔 것은 귀하게 보인다.

그런데 상대방은 어떻게 생각할까? 상대방도 당신이 가진 것을 부러워한다는 사실을 명심하길 바란다. 우화 속의 비둘기는 갈까마귀가 안 부러웠을까?

부업을 하는 사람들이 늘고 있다. 하나의 직업만으로는 생활하기가 힘들어서 여유 시간에 다른 일을 하거나, 새로운 일에 흥미를 느껴서 도전해보는 경우다. 그런데 어쩌면 하나의 일에 집중하지 못하는 것은 아닐까? 언뜻 보기엔 부지런하고 현명한 사람처럼 보이고, 부업을 해서 수입이 많을 것이라 생각할 수도 있다. 그런데 실제로는 그렇지 않은 경우가 많다.

두 척의 배에 다리를 하나씩 걸쳐놓았는데 배가 출발하면 어떻게 되겠는가? 양다리를 걸치고 있다면 주 종목을 정하고 열중해서 자신을 지속적으로 업그레이드해야 한다.

욕심을 비울 때
보이는 것들

✦ 고기를 물고 가던 개

개 한 마리가 고기 한 덩이를 문 채 강을 건너고 있었다. 개는 강물에 비친 자기 모습을 더 큰 고깃덩이를 물고 있는 다른 개라고 생각했다. 그래서 자기 고기는 옆에 놓아두고 다른 개의 고기를 빼앗으려고 강으로 뛰어들었다. 그 결과, 개는 하나도 갖지 못했다. 하나는 처음부터 있지도 않은 것이었고, 하나는 강물에 떠내려가 버렸다.

세상에는 누구도 넘볼 수 없는 나만의 소유물이 있다. 그리고 내가 넘보면 안 될 것도 있고, 누구에게도 속하지 않은 채 공유해야 하는 것도 있다. 그렇기에 길을 잃어도 눈앞에 있는 저택에 들어가지 않고, 몇 시간을 걸어서 산골짜기에 있는 자기 집을 찾아간다.

나를 낳아준 사람이 한 푼도 없는 무능력자일지라도 부모라는 사실은 변함없다. 억대의 연봉을 받는 이웃집 아저씨를 부모라고 부르지 않는다. 길가에 멋진 외제차가 있어도 내 것이 아니면 손대지 않는다. 이렇게 '소유'의 개념을 서로가 인정하기 때문에 우리 사회는 순조롭게 흘러간다.

인간만이 아니다. 동물의 세계에서도 내 짝, 내 새끼, 내 둥지가 정해져 있다. 일종의 자기 영역이 정해져 있는 것이다. 이는 신이 지상의 생명체들이 살아갈 수 있도록 정해준 생존법칙이다. 만약에 이런 법칙이 없다면 어떻게 될까? 세상에는 나의 가족, 나의 집, 나의 직장처럼 나의 소유는 사라지고, 그저 힘센 자의 필요에 따라 소속이 정해질 것이다.

다른 사람들이 노력해서 얻은 것은 내 것이 아니다. 그러니 군침을 흘리거나 빼앗을 필요가 없다. 우리의 마음에는 필요 이상의 욕심이 도사리고 있다. 욕심은 고기를 물고 가던 개가 강물에 비친 자기를 보고 뛰어내린 것처럼, 다른 사람의 소유물을 내 것으로 만들려고 한다. '욕심'이라는 마음은 아무리 채워도 배부르게 하지 않는다. 마치 밑 빠진 독에 물 붓기와 같다. 욕심이 많으면 언제나 자기 주머니를 채우려고 안간힘을 쓸 뿐이다.

욕심이 가득하면 '자족'이라는 마음이 자리할 곳이 사라진다. 그저 부족한 마음만 자리 잡을 뿐이다. 산처럼 쌓아두고도 어딘가 부족함을 느끼게 한다. 그래서 '아흔아홉 섬 가진 사람이 한 섬 가진 사람의 것을 마저 빼앗으려 한다'라는 말이 생겨난 것 같다. 욕심이 많은 사람은 능력 이상의 것을 얻으려는 탐욕을 용기라 하고, 불가능에 도전하는 무모함을 배짱이라 우긴다.

현명한 사람은 자신의 능력으로 '할 수 있는 것'과 '할 수 없는 것'을 구별하고, 가능한 일에 최선을 다한다. 앞에 놓인 과제를 해결하는 것이 불가능하다고 느끼면 잠시 멈추고 능력 쌓기에 주력한다. 그럼에도 불가능하다고 판단되면 깨끗이 포기하고 다른 일에 도전한다.

욕심이란 '정도에 지나치게 탐을 내거나 누리고자 하는 마음'이다. 욕심은 만족이 들어갈 수 없도록 빗장을 채운 닫힌 문과 같다. 그만큼 행복이 차지할 공간을 갉아먹는 해충이나 다름없다.

행복을 원한다면 욕심이라는 해충을 박멸하라. 걸을 수 있는 현재에 감사하고 이웃의 성공을 축하하라. 숨 쉬고 있다는 것을 기적이라 생각하라. 욕심의 주머니는 비우면 비울수록 편안해진다. 욕심을 비우면 세상의 아름다움이 보이고 인생이 풍성해진다. 그리고 욕심을 비운 자리가 행복으로 채워지는 기적을 맛볼 것이다.

눈앞의 이익에
몰두하지 마라

✦ 황금알을 낳는 암탉

한 남자가 황금알을 낳는 암탉을 가지고 있었다. 단번에 더 많은 재산
을 얻고 싶었던 그는 암탉이 배 한가득 황금을 품고 있을 것이라 여겨
암탉을 죽이고 만다. 그런데 암탉의 배 속은 일반 암탉과 별반 다르지
않았다. 남자는 일확천금을 기대했지만, 결국 자기가 가지고 있던 값
진 재산마저 잃고 말았다.

매일 황금알을 하나씩 낳는 암탉을 갖고 있다면 얼마나 좋을
까? 며칠을 굶어도 배고프지 않을 것이다. 먹고살겠다며 아옹다옹

다투는 사람들을 보면 우습게 느껴질 것이다. 만약 직장인이라면 출근 시간을 넘기더라도 불안해하지 않을 것이다. 대출을 받겠다며 은행을 들락거리거나 은행원에게 머리 숙일 필요도 없을 것이다. 오히려 우수고객이라며 환대받지 않을까? 돈이 쌓이는 통장을 보며 어깨를 으쓱거릴 것이다.

그런데 황금알을 낳는 암탉을 가지고 있다 한들 정말로 아쉬움이 없을까? 하루 한 개의 황금알에 만족하며 여유롭게 살 수 있을까? 무엇이든 채워야 직성이 풀리는 인간의 탐욕이 수면 아래에서 가만히 있을까? 누군가가 당신의 마음을 휘젓는다면, 우화 속의 남자처럼 암탉의 배를 가르지 않을 거라고 장담할 수 있겠는가?

우리는 빠르게 변화하는 시대에 살고 있다. 그래서 과정보다 눈앞의 결과에 집착한다. 더욱이 생산과 이익을 추구하는 회사라는 조직은 단기 실적에 목을 맨다. 능력을 향상시키기 위한 투자보다는 당장의 결실을 원한다. 그만큼 장기적인 계획보다 단기적인 결과를 선호한다. 잘 모르는 신입사원을 가르치고 훈련시켜서 능력을 향상시키려고 하기보다는 당장 '써먹을 수 있는' 경력직을 선호하는 것도 이와 같은 맥락이다.

실적이 우수한 직원은 눈코 뜰 새 없을 정도로 바쁘다. 한 프로젝트가 마무리되면 곧이어 다른 프로젝트에 투입된다. 전문성이나 능력을 향상시킬 시간조차 주어지지 않는다. 게다가 우수 직원일지라도 새로운 실적이 없다면 구조조정의 칼날을 온전히 비껴

가지 못한다. 그 결과, 조직은 새로운 지식을 습득하지 못해 힘을 잃어간다. 이는 개인에게도 마찬가지다. 만약 황금알을 낳고 있는 사람이라면 대다수는 눈앞의 성과를 자랑하고 이에 못 미치는 사람들을 무시한다. 능력을 향상시키기 위해 공부하는 일은 시간 낭비라며 쓸데없는 소리로 치부하기도 한다.

능력을 향상시키려는 시간을 갖지 않고 눈앞의 이익에만 몰두한다면 미래는 어떻게 될까? 자녀에게 공부할 수 있는 환경을 만들어주지 않고 성적만 요구한다면, 자녀는 어떤 인생을 펼쳐나갈까? 황금알을 낳는 직원에게 쉴 없이 일만 시킨다면, 언제까지 당신이 원하는 황금알을 낳아줄까?

암탉에게 적당히 모이를 주고 쾌적한 환경을 만들어줄 때 암탉은 계속 알을 낳는다. 짝을 지워주면 새끼를 낳아 하루에 한 개 이상의 황금알을 낳는 암탉 가족이 만들어질 것이다. 알을 품느라 황금알을 낳지 못하는 암탉에게서 알을 빼앗는 어리석은 짓은 하지 말자. 부화된 병아리가 자라서 또 다른 황금알을 낳아주는 암탉이 될지도 모를 일 아닌가?

암탉이 수명을 다해서 알을 못 낳는 시기가 올 것이라는 사실도 명심해야 한다. 그렇기에 지금 당장은 황금알을 못 낳는 병아리일지라도 열심히 모이를 주고 사랑해줘야 한다. 그들이 건강한 어미 닭으로 성장해서 또 다른 황금알을 선사하는 암탉이 될 테니 말이다.

하나라도
제대로 하자

✦ 사자와 토끼

배고픈 사자가 잠든 토끼를 발견했다. 사자가 토끼를 막 잡아먹으려

할 때, 지나가는 사슴을 보았다. 사자는 토끼를 놔두고 사슴을 쫓아갔

다. 이 소리에 잠에서 깬 토끼가 도망쳤다. 한참 사슴을 쫓아가던 사

자는 결국 사냥에 실패하고 토끼가 있는 곳으로 되돌아왔지만, 토끼

는 없었다. 사자는 한탄했다. "자업자득이야. 손아귀에 든 먹이를 놔

두고 더 좋은 먹이를 쫓아가느라 이렇게 됐어."

자기 실력을 테스트하려고 전공과는 무관한 자격증 취득에 도전하는 사람들이 있다. 일종의 '자격증 중독자'들이다. 그들은 취득한 자격증에 자부심을 느끼지만, 정작 취업할 때 기업이 필요로 하는 능력은 없어서 백수로 지내기도 한다.

자격증이란 해당 업무를 하기 위해서 필요한 조건이 되기도 한다. 그렇기에 업무에 필요한 자격증이 없다면 아무리 많은 자격증이 있더라도 쓸모없는 휴지 조각에 불과하다. 공인중개사가 되려면 해당 자격증을 따야 한다. 그런데 엉뚱하게 사회복지사 자격증을 따겠다는 목표를 잡으면 어떻게 될까? 이 자격증은 무용지물이 되고 만다.

멀티태스킹이란 컴퓨터 한 대로 2가지 이상의 작업을 동시에 처리하거나 프로그램을 동시에 구동시키는 것이다. 음악을 들으면서 공부하는 것, TV를 보면서 독서하는 것처럼 여러 가지 일을 동시에 하는 사람을 '멀티태스커'라고 부른다.

미국 스탠퍼드 대학의 한 연구진이 실시한 조사가 있다. 이 조사에서 '멀티태스커는 특별한 능력이 있어서 여러 일을 동시에 할 수 있는 천재들이 아니다. 오히려 여러 정보를 이해하느라 해야 할 일을 제대로 못 하는 바보 같은 사람이다'라는 결론이 나왔다. 많은 정보가 있지만 잘 정리하지 못해서 생산성으로 연결되지 않았다는 의미다. 여기저기 기웃거리지 않고 하나라도 제대로 해야 부가가치가 생긴다는 말로 이해하면 된다.

8세기 중엽 당나라 현종 때, 바둑의 명수 왕적신은 바둑 잘 두는 비결 10가지를 발표했다. 그중 '아생연후살타(我生然後殺他)'는 '일단 내 집을 먼저 확보한 후에 상대방을 공격하라'는 의미다. 상대의 집이 커 보인다고 해서 무작정 공격하면 오히려 상대에게 허점을 보여 역공을 당할 수 있으므로, 스스로를 보강하면서 국면을 살펴야 한다는 뜻이다. 이때 하수는 상대의 돌만 잡으려고 나서서 과욕을 부리다가 자기 돌이 죽는지도 모른다.

우화에서 사자는 잠자는 토끼를 버려두고 눈앞에 나타난 사슴을 쫓다가 결국 한 마리도 못 잡았다. 지금 당신은 무엇을 보고 있는가? 당신의 것을 보고 있는가, 아니면 남의 것을 보고 있는가? 지금 당신의 일에 집중하고 있는가, 아니면 다른 사람의 일에 참견하고 있는가?

만일 사자가 눈앞에서 잠든 토끼를 잡아두고 사슴에게 전력 질주했다면 어땠을까? 사슴도 잡지 않았을까? 한 가지 일도 제대로 못하면서 다른 일에 한눈판다면 어떻게 '일다운 일'을 할 것인가? 아무리 많은 자격증이 있다고 해도 회사에서 요구하는 자격증이 없다면, 누가 당신에게 일자리를 주겠는가?

성공하고 싶다면 가장 먼저 자기 일이 무엇인지를 바라보라. 그리고 자기 일에 집중하라. 쓸데없는 일은 버리고 내가 맡은 일에 우선순위를 정하라. 그런 다음 한 가지 일이라도 제대로 하라. 그래야만 또 다른 기회가 주어질 것이다.

손안에 쥔 것부터
소중히 하라

✦ **어부와 도미**

한 어부가 바다에 그물을 늘어뜨려 놓았다가 도미 한 마리를 낚았다.

도미는 어부에게 자기가 너무 작으니 지금 잡지 말고 놓아달라고 애

원했다. "제가 자라면 커다란 물고기가 될 테니 그때 다시 잡으면 되

잖아요. 그때가 되면 더 이득일 거예요." 그러자 어부가 대꾸했다. "그

럼 난 나중에 얻게 될 물고기 때문에 지금 내 손에 들어온 걸 놓치는

바보가 될걸."

히말라야 산맥에 걸쳐 있는 국가인 부탄이 항상 국가행복지수 상위에 오른다. 부탄은 국민소득이 높지도 않고 사회보장제도가 잘 갖춰진 나라도 아니다. 그저 국민들이 먹고살 만한 정도의 빈국이다. 우리의 시각으로 봤을 때는 만족스러운 조건이 아니다. 그럼에도 그들은 행복하다. 그 이유는 무엇일까?

한 조사 결과에 따르면, 부탄 국민들은 자기가 소유한 것에 만족하고 타인과 비교하지 않는다고 한다. 행복은 돈이나 잘 갖춰진 사회보장제도에서 나오는 것이 아니라, 개인의 마음가짐에서 비롯된다고 보는 것이다.

길가에 핀 작은 민들레꽃은 산책하는 사람들의 발길에 밟히기도 한다. 그렇다고 아름드리나무나 화려함을 뽐내는 장미꽃을 보며 슬퍼하지 않는다. 적당한 때가 되면 어김없이 잎사귀가 돋고, 꽃을 피우며, 자신의 분신인 씨앗을 바람에 날려 보낸다. 하늘이 맡긴 사명에 그저 최선을 다할 뿐이다.

길가에 핀 민들레뿐만이 아니다. 흙이라고는 한 줌 없는 철교의 작은 틈새에서도 꽃을 피우는 식물이 있다. 이들은 환경을 탓하기 전에 현실에 주어진 먼지와 이슬 하나도 헛되이 보내버리지 않고, 생명의 근원으로 만든다.

소탐대실(小貪大失)이란 '작은 것을 탐내다가 큰 것을 잃는다'는 뜻의 사자성어다. 그런데 큰 것만을 탐하라는 말은 아니다. 그러다가 작은 것 하나까지 잃어버리는 우를 범할 수 있어서다. 그러니 쓸데없는 것, 내게 별 의미가 없는 것을 탐내지 말아야 한다. 아주 작은 것이라도 그것이 나만의 것이고 다른 사람에게 없는 독특한 것이라면, 누가 뭐라고 하든 탐내는 것이 좋다. 이것이 나를 변화시키고 세상을 놀라게 할 새로운 꽃이 되어 많은 열매를 맺을 것 아닌가.

일본 기업 브리지스톤(Bridgestone)의 창업자 이시바시 쇼지로는 노동자용 신발을 만들어 파는 아버지 가게에서 일했다. 당시에는 신발의 크기에 따라 가격이 달랐다. 어느 날 그는 거리와 상관없이 동일한 요금을 징수하는 전차요금을 보고, 크기에 상관없이 동일한 가격의 신발을 만들어서 팔았다. 그러자 신발은 불티나게 팔렸고, 성장을 거듭해 오늘날의 유명 타이어 제조업체로 변모했다.

만일 그가 자기 일을 하찮게 여기거나 별생각 없이 신발을 팔기만 했다면 이런 아이디어가 나왔을까? 아버지 가게에서 잠시 일을 도와준다는 마음가짐으로 시간을 보냈다면 오늘날의 성공은 없었을 것이다.

성공한 사람들과 비교해서 가진 것이 보잘것없어 보이는가? 찬찬히 생각해보자. 다른 사람의 것과 당신의 것이 어떤 차이가 있는지를 말이다. 학력과 성적이 그들보다 나쁘지도 않고 의지가 약한 것도 아니다. 그들보다 과거의 환경이 좋거나 가족의 뒷받침이 더 좋을 수도 있다. 그러면 무엇이 다른가? 그들은 손안에 든 작은 것 하나도 소중하게 여겼고, 당신은 손안에 든 것을 소중히 여기지 않고 무시했다는 점에서 다르다.

실개천이 모여서 강물이 되고, 강물이 모여서 바다를 이룬다. 작은 아이디어가 싹을 틔워 제품이 되고, 소기업이 대기업으로 성장한다. 하찮다고 평가받는 아이디어일지라도 공을 들이면 성공이라는 결실을 거둔다. 지금 당신이 손안에 쥔 것 중에서 어떤 것이 소중한지 한번 살펴보라. 다른 사람이 가진 것을 탐내기 전에 당신 손에 있는 것부터 먼저 챙기길 바란다.

행운을 잡고자 하는가? 그렇다면 오지 않은 기회를 기다리기보다 현재 당신의 손아귀에서 당신의 처분을 기다리고 있는 기회를 잡아보자. 그 기회를 당신의 어장에 가두고 모이를 주며 관리하라. 손에 쥔 기회를 버리고 또 다른 기회를 잡느라고 고생하는 어리석은 사람은 되지 마라.

수신제가치국평천하(修身齊家治國平天下)라는 말처럼 세상을 평정하려면 먼저 자신부터 닦아야 한다. 제 몸 하나 제대로 챙기지 못하면서 어떻게 가족을 거느리고 세상을 평정할 수 있단 말인가? 지금보다 더 나은 삶을 바란다면, 당신의 손안에 있는 것부터 소중히 하라. 그래야 또 다른 행운이 올 것이다.

물질적 이익에
눈이 멀지 말자

✦ 농부와 나무

한 농부의 밭에 열매가 열리지 않는 나무 한 그루가 있었다. 이 나무는 참새와 매미의 안식처일 뿐이었다. 농부는 열매가 열리지 않는 사실을 깨닫고는 나무를 베려고 도끼로 내려쳤다. 매미와 참새는 우리의 보금자리를 부수지 말라고 애원했다. 하지만 농부는 그들의 말은 신경 쓰지 않고 도끼질을 했다. 얼마 후, 농부는 텅 빈 나무둥치에서 벌 떼와 꿀을 발견했다. 농부는 꿀을 한번 맛보더니 도끼를 집어던졌다. 그때부터 농부는 나무를 소중히 다루고 정성을 다하게 되었다.

인간과 동물은 다른 점이 많다. 그중에 하나가 '인간은 돈 때문에 걱정을 한다'는 사실이다. 돈은 사람을 처량하게 만들기도 하고, 떵떵거리며 큰소리치게 만들기도 한다. 졸부의 헛소리도 명언이라며 추켜세우는 것이 인간의 세상이니 말이다.

우리는 '돈이 되지 않는 것은 효용이 없다'고 여기는 세상에서 살고 있다. 돈 되는 것이라면 그것이 정의가 되고, 어떠한 행동도 용서가 될 정도다. 학생들이 공부하는 것은 진리 탐구나 사회 정의를 실천하기 위해서가 아니라 더 많은 보수를 주는 직장을 구하기 위해, 더 좋은 대우를 받기 위한 수단으로 여긴다. 그렇기에 적성보다 취직이 잘되거나 돈을 많이 벌 수 있는 학과를 선택한다.

기업도 돈 되는 것이라면 서민의 생활터전이라도 상관하지 않고 진출한다. 동네 구멍가게가 문을 닫을 거라고 항변해봤자 소비자를 위한 일이라며 무시한다. 그들의 항변을 멀리서 들려오는 메아리로 치부할 뿐이다. 항의를 무시하고 문을 연 대형 상점은 손님들로 붐비고, 터줏대감 역할을 하던 구멍가게는 역사 속으로 사라지고 만다.

직장인은 어떤가? 없어서는 안 될 직원으로 대우받던 사람들이 시간이 지나 기동력이 떨어진다는 이유로 구조조정의 대상이 된다. 그들은 힘겹게 버텨보지만 무기력하게 물러나고 만다. 잘못된 제도라며 항변해봐도 소용이 없다. 기업을 살리기 위한 고육지책이라는 원칙적인 논리에 밀려나고, 뒤에 남아 있는 후배들도 선배의 전철을 밟아 물러나고 만다.

가정에서는 어떤가? 가장인 아버지는 돈을 벌어야 하기에 새벽이면 직장으로 출근하고, 퇴근하고서는 잠만 잘 뿐이다. 이렇게 하지 않으면 직장에서 살아남을 수 없다며 가족의 불평을 한마디로 무시한다.

부모는 자녀에게 어떻게 대하는가? 돈을 벌어야 살 수 있는 세상이라며, 돈을 벌기 위해서는 일류대학에 가야 한다고 잔소리한다. 자녀에게 나눔을 가르치기보다 소유의 기쁨을 가르친다. '우리의 행복'을 말하기보다 '개인의 행복'을 우선시하며, 나부터 살아야 한다고 가르친다.

인간이란 이익에 따라 움직이는 이기적인 존재다. 심지어 이타심을 '이기심이 변형된 것'이라 일컫기도 한다. 자기 이익이 중요하면 타인의 이익도 중요하지 않을까? 우화에서처럼 나무에 열매가 열리지 않는다고 잘라버린다면, 이곳을 삶의 터전으로 삼은 새와 곤충들은 어떻게 살 것인가?

이웃이 없는 사회, 사람이 떠나 아무도 없는 광야에서는 아무리 돈이 많아도 홀로 살 수는 없을 것이다. 내가 잘살기 위해서 이웃의 삶을 파괴해도 괜찮은 걸까? 물질만능주의 시대라 해도 개인의 이익에 눈이 멀지 않게끔, 자신을 올바르게 다스려야 한다.

인생은
단거리 경주가 아니다

✦ **여자와 암탉**

한 과부가 있다. 그녀에게는 매일 하나씩 알을 낳는 암탉이 있었다. 그녀는 암탉에게 사료를 더 많이 주면 알을 2개씩 낳을 거라 생각해서 사료를 더 주었다. 그러자 암탉은 뚱뚱해졌고, 하루에 하나씩 낳던 알을 하나도 낳을 수 없게 되었다.

납품 기한에 쫓겨 일하던 직원이 감기 몸살을 심하게 앓았다. 약을 먹어도 낫지 않자 불안한 마음에 하루 분량의 약을 한 번에 먹었다. 결국 그는 쓰러졌고, 놀란 동료들은 구급차를 불러 그를 병원으로 옮겼다. 정량을 무시하고 한 번에 낫게 하겠다는 무리수가 화를 자초한 것이다.

멋진 몸매를 만들겠다고 헬스장 등록 첫날부터 무리하면, 몸살이 나기 마련이다. 온몸이 쑤시고 결려서 다음 날은 일도 못 하고 앓기만 할 뿐이다. 트레이너의 지시처럼 강도를 점진적으로 높여야 하는데도 단번에 효과를 보겠다는 욕심이 역효과를 일으킨 것이다.

세상을 역동적으로 살아가려면 적극적인 태도와 의욕이 필요하다. 때로는 다른 사람들보다 더 잘해야겠다는 욕심도 필요하다. 의욕이 없는 학생이라면 공부를 열심히 하지 않을 것이고, 부모들은 자녀를 학교에 보내려 하지 않을 것이다. 어느 정도의 욕심이 있어야 의욕이 생긴다는 뜻이다. 여기서 말하는 '어느 정도의 욕심'이란, 놀부의 이기적인 욕심이 아니다. 무언가를 해보겠다는 의욕으로, 긍정적인 의미가 있다.

반면에 과욕이란 지나치게 욕심을 부리는 것이다. 스스로 수용할 수 없는데도 할 수 있다며 허세를 부리는 것과 같다. 과욕을 부렸을 때 성공할 수는 있다. 다만 대부분은 힘에 부쳐서 몰락의 길을 걷는다.

우화 속 과부가 적당량의 모이를 주고 보살폈다면 매일 하나의 알을 얻을 수 있었다. 그런데 필요 이상의 먹이를 주면서 그마저도 놓쳐버리고 말았다. "사람에게서 욕심을 빼면 몸무게가 절반이 된다"라는 말이 있다. 욕심은 무거운 짐을 지고 떠나는 여행처럼 사람의 마음을 힘들게 만든다. 욕심이 생기기 시작하면 그것이 황금덩이가 아닌 돌덩이일지라도 다른 사람에게 주려고 하지 않는다. 힘들고 지쳐서 훗날 버릴지라도 일단은 자기 주머니에 넣고 본다.

욕심으로 가득차면 황금덩이가 창고에 넘쳐도 만족하지 못한다. 배고픔에 구걸하는 사람을 봐도 못 본 체한다. 이러한 사람들은 어떤 물건이든 활용하지 못해 썩히더라도 품 안에 들어왔다면 놓아주려 하지 않는다. 베풂의 아름다움을 모르는 사람들이다.

미국 역사상 최고 부자로 손꼽히는 존 데이비슨 록펠러를 보자. 그는 55세 때 암 진단을 받았다. 의사는 그에게 1년 정도 살 것이라고 했다. 록펠러는 입원실에서 "주는 자가 복이 있다"라는 성경 구절을 보았다. 돈 버는 일에 전력을 쏟았던 그는 이웃에게 나누지 않으며 살아온 자신이 부끄러워졌다. 하루는 딸을 치료할 병원비가 없는 한 여성이 그에게 애원했다. 죽어가는 어린 딸을 살려달라고 말이다. 그러자 그는 병원비를 주며 도왔고, 소녀는 건강을 회복해 건강하게 뛰어놀았다. 이 모습을 본 록펠러는 행복을 느꼈다. 그의 삶은 이후 베푸는 삶으로 변화했고, 건강도 회복하면서 자선사업을 하며 98세까지 살았다.

지금 당신은 어떤가? 혹시 다른 사람의 것을 탐내고 있지 않는가? 당신도 모르게 무리한 일을 벌여놓지는 않는가? 영양을 과다

하게 섭취한 암탉처럼 알을 낳을 능력을 상실한 것은 아닌가?

『군주론』을 쓴 니콜로 마키아벨리는 "탐욕은 인간을 지배하는 근본적인 본능이다"라고 했다. 그러나 탐욕이 아무리 인간의 본능이라 해도 자기 발에 안 맞는 신발을 신고 여행을 떠난다면 어떨까? 과연 그 발이 온전하겠는가?

잔칫날에 잘 먹겠다고 점심을 굶는 사람이 있다. 보약도 과하게 먹으면 독이 된다는 사실을 알면서도 아깝다며 먹는 사람도 있다. 과욕이 움트면 무엇이 옳고 그른지 스스로에게 물어보는 여유를 가져보자. 상식을 뛰어넘거나 필요한 과정을 무시할 때는 반드시 사고가 생긴다는 생각을 하자.

우리의 인생은 100미터 달리기 같은 단거리 경주가 아니라 마라톤과 같다. 과욕을 부리며 물웅덩이를 뛰어넘고 자갈길을 밟다가는 아무리 건강해도 중도에 쓰러진다는 사실을 명심하자. 결승점에 도달하기 위해 페이스 조절을 어떻게 할 것인지도 미리 계획하자. 그래야 쓰러지지 않고 결승점에 도달할 수 있다.

가지고 있는 재산을
묻어두지 말자

✦ **구두쇠**

한 구두쇠가 전 재산을 금괴로 바꿔서 땅에 묻어두었다. 그는 보물이 잘 있는지 궁금해서 날마다 묻어둔 곳을 찾아갔다. 일꾼 한 명이 그의 모습을 보고 궁금해서 땅을 파보고는 땅속에 묻힌 금괴를 모두 가져가버렸다. 얼마 후, 구두쇠는 금괴가 사라진 사실을 알았다. 그는 머리를 뜯으며 한탄했다. 그때 지나가던 한 남자가 이유를 묻고는 이렇게 말했다. "너무 슬퍼하지 마시오. 당신은 금을 가졌지만 사실 가진 것이 아니었소. 그러니 돌을 하나 묻어두고 금이라고 생각해보시오. 당신에게는 같은 것일 거요. 금이 있었을 때도 쓰지 않았잖소."

태어날 때는 출산비가 필요하고 세상을 떠날 때는 장례비가 필요하다. 이렇듯 돈이란 우리 삶에서 없어서는 안 될 요소다. 돈 때문에 평생을 허리 한 번 펴지 못하고 고생하는 사람이 있는가 하면, 손에 물 한 방울 묻힌 적 없이 여유롭게 사는 사람도 있다. 돈 때문에 행복하게 사는 사람이 있는가 하면, 돈 때문에 불행을 자초하는 사람도 있다. 돈이 삶에 아무런 영향을 미치지 않는다고 말하는 사람도 있다. 그런데 이렇게 말해도 자식이 아파서 병원에 입원하지 못한다면 그때도 같은 생각일까?

돈 되는 일이라면 물불을 가리지 않는 사람들, 평생 동안 다 쓰지 못할 만큼의 돈이 있어도 부족하다며 돈 모으는 데 혈안이 된 사람들은 우리 주변에 의외로 많다. 그들 때문에 세상에는 불법이 만연하고 풍요 속에서도 굶어죽는 사람이 생긴다.

창고가 넘쳐도 계속 쌓아두고 싶은 것이 인간의 본성이다. 어느 누가 돈을 싫다고 하겠는가? 어느 누가 창고에 보물이 쌓여 있는데 빗장을 걸어두지 않고 문을 열어놓겠는가? 자신은 결코 탐욕스러운 사람이 아니며, 설령 창고가 넘쳐도 절대로 빗장을 걸지 않겠다고 말하는 사람이 있는가? 그렇다면 그는 돈이 든 지갑을 가져본 적 없는 사람일 것이다. 다른 사람의 도움 없이는 못 사는 무능력자가 아닐까? 어쩌면 이렇게 말하는 사람일수록 작은 창고라도 생기면 문에 빗장을 걸어 잠그고 누구의 접근도 허락하지 않을 것이다. 그만큼 탐욕의 창고 문은 열기가 어렵다.

황금을 땅속에 묻어두지 말고 쓰라는 말은 허투루 쓰라는 뜻이 아니다. 쓸 가치가 있는 곳에 쓰라는 의미다. 은행에 맡겨두면 이 자라도 붙지 않겠는가? 은행은 돈이 필요한 사람이나 기업에 돈을 빌려줘서 부가가치를 생산할 수 있지 않겠는가?

재능도 마찬가지다. 훌륭한 재능이라 하더라도 묻어둔다면 어떤 빛을 발하겠는가? 당신이 갖고 있는 것이 황금 송아지든 나무 조각이든 상관하지 말고 활용할 곳을 찾아보라. 그럴 때 땅속에 묻어둔 당신의 황금이 그 빛을 발할 것이다.

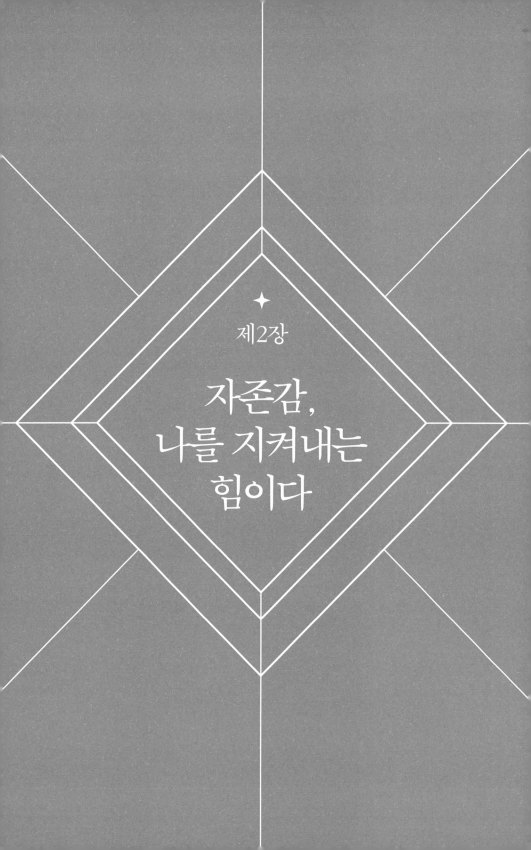

제2장

자존감,
나를 지켜내는
힘이다

누구에게나
고유의 재능이 있다

✦ **당나귀와 매미**

당나귀가 매미의 노랫소리를 듣고 조화로운 목소리에 반했다. 매미의

재능이 부러워진 당나귀가 물었다. "어떤 음식을 먹으면 그런 노래를

부를 수 있지요?" 그러자 매미가 대답했다. "전 이슬만 먹는답니다."

그때부터 당나귀는 이슬만 먹다가 굶어 죽고 말았다.

자연의 꽃과 새들은 남들과 비교하지 않는다. 동백은 겨울의 바
닷바람을 맞으면서 자기 삶에 충실하고, 가을에 산들거리는 코스
모스는 도로변에서도 자태를 유감없이 뽐낸다. 멋지게 생긴 뻐꾸

기는 나뭇가지 그늘에 앉아 노래하고, 볼품없는 종달새는 높은 하늘을 날면서 노래한다. 이들은 자신의 모습과 소리에 상관하지 않는다. 저마다의 특색을 마음껏 뽐내며 주어진 몫을 유감없이 발휘할 뿐이다.

만물이 저마다의 특색을 가지고 있듯, 사람들도 저마다의 재능을 가지고 있다. 그림 그리는 화가가 있고, 노래하는 가수가 있다. 경영에 재능이 있는 직원이 있는가 하면, 연구개발에서 두각을 나타내는 사람도 있다.

사람들은 이 사실들을 알고 있다. 그러나 인간의 마음에는 고약한 비교심리가 있어서 다른 사람이 가진 것을 자기의 것과 비교한다. 비교심리가 똬리를 풀고 나오면, 자신을 과대평가하거나 왜소하게 여기기도 한다. 본인의 재능을 발휘하기보다 다른 사람의 것을 부러워하며 번민하다가 결국 값진 재능을 땅속에 묻어버리기도 한다.

행복한 삶에 돈과 명예가 필수 요소는 아니다. 돈과 명예가 부족할지라도 주어진 것에 감사하면 행복이 다가온다. 다른 사람의 것을 탐내지 않는 자족하는 마음이 있으면 평안이 찾아온다. 평안한 마음은 세상의 아름다움을 보여준다. 돈과 명예가 있어도 나보다 더 많이 가진 사람과 비교하면, 내가 가진 것은 보잘것없는 것으로 변한다. 세상에 하나밖에 없는 나의 소중한 행복이 사라진다.

부러움을 버리고 가진 것에 감사하는 마음을 가져보자. 그러면 자신감이 회복된다. 보잘것없는 재능이라 할지라도 내가 활용하면 그 진가가 드러나는 법이다. 다른 사람의 재능이 부러워도 따라 할 수 없는 것은 포기하는 마음도 필요하다. 가질 수 없는 것을 가지려 할 때, 나의 마음은 풀 한 포기조차 살 수 없는 사막으로 변한다.

음악이 미술보다 우월하다고 말하는 사람은 없다. 돈을 버는 데 재능 있는 사람이 있고, 가르치는 재능이 있는 사람이 있다. 남을 웃기는 사람이 있는가 하면, 멋진 요리를 만들어내는 사람이 있다. 운동을 잘하는 사람이 있는가 하면, 노래를 잘하는 사람이 있다. 이웃과 친하게 지내는 사람이 있는가 하면, 혼자 잘 지내는 사람도 있다. 그러니 어떤 재능이 좋고 나쁘다고 할 수는 없다. 나에게 맞는 것이 있고 아닌 것이 있을 뿐이다.

굼벵이에게도 구르는 재주가 있듯이 누구에게나 고유의 재능이 있다. 남의 재능을 부러워하느라 진정한 내 모습을 찾지 못한다면, 그 얼마나 억울한 삶이겠는가? 내가 할 수 없는 일은 다른 사람에게 맡기고, 내가 할 수 있는 재능을 개발하는 것이 알찬 인생을 만드는 방법이다. 그러니 친구가 강남 간다고 따라가는 어리석은 짓은 하지 말자. 나에게 어떤 재능이 있는지 살펴보라. 매미 우는 소리를 부러워하며 이슬만 먹다가 굶어 죽는 당나귀는 되지 말아야 할 것 아닌가.

자신의 본분에
충실하자

✦ 뱀의 꼬리와 몸

어느 날 뱀의 꼬리가 "이제부터 머리 역할을 하겠다"고 말했다. 그러자 다른 몸의 부분들이 우려하며 이렇게 말했다. "너는 눈도 없고 코도 없는데, 어떻게 우리를 데리고 가겠다는 말이니?" 꼬리는 이 말을 듣고도 아랑곳하지 않고, 앞장서서 몸을 아무렇게나 끌고 갔다. 그 결과 뱀은 돌무더기 구멍에 빠져버리고 말았다. 뱀은 등뼈가 부러지고 온몸에 상처가 났다. 그러자 꼬리가 머리에게 아첨을 떨며 애원했다. "주인님! 우리를 좀 구해주세요. 당신과 겨루려고 한 건 제 잘못이에요."

인도에는 오래전부터 카스트 제도가 있다. 승려 계급인 브라만, 귀족과 무사 계급인 크샤트리아, 평민 계급인 바이샤, 노예 계급인 수드라로 나뉜다. 카스트 제도는 본래 계급의식보다는 분업에 목적을 뒀다. 각자의 일을 전문적으로 수행하기 위해 같은 계급끼리 혼인한 것이다. 같은 일을 하는 사람끼리 혼인하면 시너지 효과가 나올 거라 기대했기 때문이다. 하지만 세월이 흐르면서 그 의도가 변질되었다. 그러면서 조선시대처럼 귀천을 구분 짓는 계급제도로 바뀌었다.

직업에도 계급제도처럼 차이가 있을까? 대통령과 환경미화원의 차이는 무엇일까? 직업의 귀천은 어떻게 판단할까? 그리고 직업에 대한 가치관과 선호도에 따라 어떻게 달라질까? 모든 사람이 사회적 지위에 연연해 고위 관직에만 매달린다면 사회는 어떻게 돌아가겠는가? 모든 사람이 돈이 최고라며 돈 되는 일에만 매달리면 세상은 얼마나 삭막해질까? 뱀의 꼬리처럼 자기 역할은 잊은 채 모두 머리가 되겠다고 나서면 세상은 어떻게 될까?

철도청 직원들 모두가 청장이 되겠다며 기관사는 운전대를 내려놓고, 매표원은 창구를 닫고, 철로보수원이 연장을 내려놓는다면 기차가 움직이겠는가? 축구 공격수가 관중의 환호를 받는다고 해서 골키퍼가 골대를 비워두면 누가 슈팅을 막아내겠는가? 어떤 감독이 이런 선수를 그라운드에 내보내겠는가?

자기 일도 제대로 수행하지 못하면서 다른 일만 넘보고 있다면 좋아할 사람은 없다. 어떤 사장이 이런 직원에게 일을 주겠는가? 지금 엉뚱한 곳에 한눈팔고 있지는 않은지 살펴보자. 다른 사람의 업무를 부러워하다가 당신 자리가 없어질 것을 생각해보았는가? 가장의 자리가 힘들다고 그 자리를 내팽개치면 가족은 어떻게 될 것인가?

머리와 꼬리는 서로 다른 본분이 있다. 이는 당신도 아는 사실이다. 그저 꼬리가 싫다는 이유로 머리가 되고 싶다면 어떻게 할 것인가? 호랑이 꼬리가 될까, 닭 머리가 될까 고민하는가? 그런데 무엇이 되었든 그것이 당신의 본분이라면 어떻게 할 것인가?

어떻게 할지 모르겠다면 당신이 원하는 것을 한번 시도해보라. 다만 결과가 뻔하고 답이 분명하다면 본분에 충실하라. 그제야 성공의 길이 보일 것이다.

허식의 가면을
벗어라

✦ 사자인 체한 당나귀

어느 날 길을 가던 당나귀가 사자 가죽을 발견했다. 당나귀는 호기심
에 사자 가죽을 뒤집어썼다. 이 모습을 본 다른 동물들은 당나귀를 사
자로 착각하고 놀라 달아났다. 바람이 불어서 가죽이 벗겨지자 당나
귀의 모습이 드러났다. 그러자 다른 동물들이 몽둥이를 들고 당나귀
에게 덤벼들고는 때렸다.

대개 사람들은 슬픈 일이 있어도 기쁜 일이 있어도 감정을 솔
직하게 표현하지 않는다. 감정을 내색하지 못하며 살고 있다는 게

정확한 표현인 듯하다. 가슴에 품고 있는 아픔이 있어도 밖으로 드러내지 못한 채 혼자서 끙끙 앓으며 감정을 식히기도 한다. 희로애락을 있는 그대로 표현하지 못하고 가식적인 모습으로 생활한다.

비단 마음만이 아니다. 친구들에게 기죽기 싫어서 무리해 고급 승용차를 구입한다. 장기 할부로 명품 가방을 사고는 동창들에게 자랑하고, 읽지도 못하는 외국 잡지를 들고 다닌다. 모두 허식의 가면을 쓴 모습이다. 누군가가 이런 모습이 당신의 모습이라 한다면, 당신은 펄쩍 뛰며 화를 낼 것이다. 그러나 곰곰이 생각해보라. 아무것도 없으면서 있는 척하고, 모르면서 아는 척했던 모습이 정말 없었는지 말이다.

겉치레 때문에 마음에도 없는 소비를 하고, 명품 가방 값을 치르느라 진저리를 치는 것이 바로 당신의 모습일 것이다. 이런 허세는 사람들을 힘들게 한다. 조금만 살펴보면 금방 들통나는 세상에서 가면이 벗겨지지 않기 위해 있는 척, 아는 척하는 일이 얼마나 피곤하겠는가?

만약 허식의 가면을 쓰고 있다면 용기를 내어 벗어보라. 없으면 없다 하고, 있으면 있다 하라. 알면 안다 하고, 모르면 모른다 하라. 아닌 것은 아니라 하고, 옳은 것은 옳다 하라. 불행하면 불행하다 하고, 행복하면 행복하다 하라. 슬프면 슬프다 하고, 기쁘면 기쁘다 하라. 사랑하면 사랑한다 하고, 미우면 밉다 하라. 좋으면 좋다 하고, 싫으면 싫다 하라. 가야겠다면 가겠다 하고, 있고 싶으면 있겠다 하라. 할 수 있으면 할 수 있다 하고, 힘들면 힘들다 하라.

　하고 싶은 것을 하지 못하고 허식의 가면에 숨어 삶을 꼬이게 할 것인가? 단 하루를 살아도 가면에 가려진 삶을 버리고 본연의 삶을 살아보라. 화려한 가면 속의 당신보다 소박한 주인공인 당신이 행복하지 않겠는가? 행복은 바로 내 안에 있다.

지금 그곳에서
결판을 내라

✦ 게와 여우

한 마리의 게가 바다에서 멀어졌다. 게는 해변으로 올라와 혼자 생활

하고 있었다. 굶주린 여우가 게를 발견하고선 달려가 덥석 물었다. 잡

아먹히기 직전에 게는 이렇게 한탄했다. "나는 이래도 싸. 바다에서

살아야 하는데 땅에서 살기를 바랐으니."

상인은 시장, 정치인은 국회, 판사는 법정, 경영자는 기업, 교
사는 학교, 배우는 촬영장, 운동선수는 그라운드, 회사원은 회사
에 있을 때 자기의 역할을 온전히 해낼 수 있다. 운동선수가 정치

인이 부럽다고 해서 국회 주변을 맴돈다면, 앞으로 열릴 대회에서 어떤 기여를 하겠는가? 게가 있을 곳에 있지 않고 해변을 서성이다가 여우한테 목숨을 잃은 것과 같은 처지가 되지는 않을까?

선각자들은 "세상은 넓고 할 일은 많다. 현실에 파묻혀 있지 말고 더 넓은 세상으로 나아가라"고 말한다. 그런데 아이러니하게도 "이곳저곳 기웃거리지 말고 한 우물을 파라"고 말하기도 한다. 언뜻 보면 상반되는 말인 듯하지만 사실 그렇지 않다. 성공과 실패를 겪은 사람들이 체득한 지혜인 만큼 새겨들어야 할 말이다.

국가대표가 되어서 세계 대회에 참가하려면 먼저 지방 대회에서 선발되고 국가대표 선발전에 참가해 일정한 성적을 거두어야 한다. 현재 위치에서의 성공 경험이 필요하다는 말이다. 실력을 가장 쉽게 발휘할 수 있는 자기 동네에서도 성공한 경험이 없는데, 어떻게 다른 동네로 가서 우물을 파겠다며 명함을 내밀 수 있겠는가?

세계적으로 명성을 떨친 사람들은 현재의 위치에서 두각을 나타낸 사람들이다. 세상은 이런 사람들을 찾고 있고, 세상은 그들이 어디에 있는지 알고 있다. 그들을 발굴한 세상은 이들에게 더 넓은 곳으로 나가라며 등을 떠민다. 자기 스스로 넓은 세상으로 나가려 애쓰지 않아도 떠밀려 나가고 마는 것이다.

우리는 어디에서든 실시간으로 정보를 수집하고 그 정보를 전달할 수 있는 세상에 살고 있다. 몸담은 사업장에서 최고 전문가라고 인정받으면 금세 헤드헌터들의 표적이 되기도 한다. 현재 내가 활동하고 있는 곳이 좁고 시시해 보일지도 모른다. 그런데 한편으로 생각하면 '좁고 시시한 곳'에서조차 실력 발휘를 못하는데, 어떻게 더 넓은 세상으로 나아가 성공을 말할 수 있겠는가?

다른 세상으로 나가고 싶은가? 그렇다면 지금 있는 곳에서 당신의 실력을 제대로 발휘하라. 지금 당신이 있는 곳에서 결판을 내라. 몸담은 분야에서 아직 아마추어라면 그중에서 최고가 되길 노력하라. 만약 당신의 분야에서 프로의 자리에 올랐다면 그중에서 최고가 되어라. 당신이 마이너리그에 있다면 그곳에서, 메이저리그에 있다면 그곳에서 최고가 되어라.

지금 당신이 있는 곳에서 잘해야 한다. 그러면 당신이 원하는 더 넓은 세상으로 나아갈 것이다.

인간관계,
우리는 연결되어 있다

✦ 갈까마귀와 까마귀

갈까마귀 한 마리가 남들보다 훨씬 몸집이 크다는 이유로 따돌림을 당했다. 갈까마귀는 까마귀한테 무리에 끼워달라고 말했다. 하지만 까마귀는 생김새와 목소리가 낯선 갈까마귀를 내쳤다. 쫓겨난 갈까마귀는 다시 자기 무리로 갔지만 갈까마귀들은 배신감을 느껴 일원으로 받아들이지 않았다. 결국 갈까마귀는 어느 무리에도 들어갈 수가 없었다.

이직을 희망하는 사람들의 이야기를 들어볼 기회가 있었다. 그들이 이직을 하려는 이유 중에서 '상사와의 관계가 원활하지 않아서'라고 말하는 사람들이 있었다. 이들은 불편한 관계에서는 아무리 실적이 좋아도 상사의 신임을 받기 어렵다고 토로했다. 현재의 직장에서는 성공이라는 비전이 보이지 않는다며, 불편한 관계를 유지할 바에 차라리 다른 곳에서 인정받고 싶다고 했다.

직장에서 인간관계가 좋지 않은 것만큼 불편한 일이 없다. 업무란 홀로 하는 것이 아니고 관계 속에서 성립되기 때문이다. 직장에서 이루어지는 관계는 상사, 동료, 후배, 고객, 거래처 등 다양하게 연결되어 있다.

사람들은 관계를 원활하게 맺기 위해 학연, 지연, 혈연, 취미활동 등 다양한 채널을 만들어서 만남을 도모한다. 그중 인간관계에 소극적인 사람들은 타인과 어울려 일하는 것을 힘들어한다. 더욱이 관계를 깨며 좌충우돌하는 사람들이라면 주변 사람들까지 힘들게 한다. 인간관계란 출생과 동시에 시작되고 눈을 감아야 끝을 맺는다. 그러니 마음을 주고받는 사람이 없다면 얼마나 고독하고 힘들겠는가?

스스로 이동을 할 수 없는 식물들도 같은 종끼리 무리를 지어 산다. 클로버는 클로버끼리, 강아지풀은 강아지풀끼리 그들의 영역을 확보한다. 하늘을 나는 새와 물속을 헤엄치는 고기들 역시 무리 지어서 살고 있다. 무리를 떠나서 홀로 산다는 것이 불가능하다는 사실을 본능적으로 알고 있기 때문이다.

관계가 중요한 세상에서 따돌림을 당하지 않고 환영받는 사람들은 어떤 사람일까? 인상이 좋은 사람일까? 재산이 많은 사람일까? 권력이 있는 사람일까? 학력이 높은 사람일까? 성격이 좋은 사람일까? 이 질문에 피터 드러커가 명쾌한 해답을 제시했다. 바로 '상대방의 목표달성에 기여를 하는 사람, 생산적인 공헌을 하는 사람'이 환영받는 사람이라는 것이다.

어느 누가 목표달성을 도와주려는 사람을 따돌리겠는가? 웃음과 겸손으로 다가와도 생산적인 공헌을 못하는 사람을 누가 좋아하겠는가? 할 일을 제대로 못하는 사람을 어떤 상사가 좋아하며, 걸림돌이 되는 동료를 누가 감싸주려고 하겠는가? 무리의 목표달성에 공헌하는 사람이라면 우화 속의 갈까마귀처럼 외모가 다르다고 따돌림을 당하지는 않을 것이다.

외톨이가 되고 싶지 않다면 인간관계를 소홀히 하지 마라. 그리고 실력을 쌓아가면서 피터 드러커의 말처럼 목표달성에 기여하고, 생산적인 공헌을 하는 사람이 되어야 한다. 무리가 당신을 싫어한다고 섣불리 판단해서도 안 된다. 당신에게 잘해주는 사람이 없다고 단정하지 마라. 당신 스스로 무리에서 어울리지 못하는 사람이라며 자책하지 마라. 인간관계를 개선하고 싶다면 만나야 할 사람은 여러 번 만나라. 자주 만나는 것만으로도 인간관계를 개선하는 데 긍정적인 효과가 있다.

만약 노력을 하는데도 관계가 개선되기는커녕 외톨이 신세가 지속된다면 전문가의 도움을 받는 것이 좋다. 설령 새로운 무리에 합류한다고 해도 또다시 외톨이가 될지 모를 일이다. 따돌림을 자초하지 말라.

행복은
생각하기 나름이다

✦ **토끼와 개구리**

어느 날 토끼들이 모여서 두려움에 떨며 사는 것을 한탄했다. "우리

토끼는 결국 사람이나 개, 독수리, 그리고 다른 동물들의 먹잇감이 아

닌가? 이런 공포 속에서 사느니 한꺼번에 죽어버리는 게 낫겠다." 이

렇게 결정을 내린 토끼들은 물에 빠져 죽으려고 연못으로 돌진했다.

이때 연못 근처에서 웅크리고 있던 개구리들은 토끼들이 달려오는

소리를 듣자마자 물속으로 뛰어들었다. 그러자 가장 앞에 있던 토끼

가 말했다. "친구들, 멈추시오. 나쁜 짓은 하지 맙시다. 여기에 우리보

다 더 두려움에 떨고 있는 동물이 있소."

사람들은 봉사활동을 하려고 사회복지 시설을 방문한다. 이들이 하는 일은 복지시설에서 생활하는 사람들을 돌보거나 시설을 보수하거나 청소를 하는 일이다. 그중에는 입학이나 취직, 혹은 승진에 도움이 되는 점수를 따려고 봉사활동에 참여하는 사람들도 있다. 그러나 그들도 차츰 변해간다. 어려운 이들을 돌보다가 자신이 되레 위로를 받고 적극적인 봉사자가 되는 경우도 심심찮게 볼 수 있다.

미국의 심리학자 에이브러햄 마슬로우는 인간의 욕구를 생리적 욕구·안전 욕구·소속과 애정 욕구·존경 욕구·자아실현 욕구 이렇게 5단계로 구분했다. 그리고 하나의 욕구가 충족되면 다음 단계의 욕구로 상승한다고 봤다. 이는 인간의 욕구는 만족이 없다는 것으로도 이해할 수 있다.

인간의 끊임없는 욕구변화는 발전의 원동력이 된다. 그러나 욕구가 충족되지 않으면 이전의 행복했던 감정이 사라지는 역효과가 발생하기도 한다. 배부르고 따뜻하게만 생활하면 행복하리라 생각했던 사람이 먹고사는 것이 충족되자 더 이상 행복을 느끼지 못하는 것이다.

우화 속 토끼들은 힘센 동물들만 쳐다보았다. 그렇기에 자신보다 약한 동물은 눈에 보이지 않았다. 자기가 가장 약한 동물이고 자신들이 제압할 수 있는 동물은 없다고 생각했던 것이다. 토끼들만 이런 눈을 가졌을까? 만물의 영장이라는 인간은 어떤 눈을 가졌을까? 인간이라고 다를 바 없다. 자신보다 돈이 많거나 지위가 높은 사람을 쳐다보며 현재의 처지와 비교해 서글퍼한다.

'나는 이제껏 무엇을 했을까?' '왜 나는 이 꼴일까?' 그런데 자조가 반복되면 자존감이 한없이 낮아진다. 바닥난 자존감 때문에 목숨을 끊기도 한다. 위만 쳐다보면 목만 아플 뿐이다. 돈 많고, 지위 높고, 학력 좋은 사람만 쳐다보면 마음도 아프다. 반대로 아래만 내려다보면 어떨까? 지위 낮고, 돈 없고, 단칸방에서 사는 사람만 내려다보면 자기 처지에 감사한 마음도 들지만 교만해지기도 한다.

위만 쳐다보며 위축되지 마라. 아래만 내려다보며 오만해지지 마라. 자신이 있는 위치에서 최선을 다하라. 다만 가끔씩 위를 쳐다보며 자신을 채찍질하고, 가끔씩 아래를 내려다보며 자신감을 갖고 나름의 행복을 맛보라.

개구리는 개구리의 삶, 토끼는 토끼의 삶, 사자는 사자의 삶이 있다. 삶은 다르지만 그 속에는 고난과 슬픔이 있고 나름의 기쁨도 있다. 팔다리가 없어서 거동이 어려워도 감사하며 사는 사람이 있는 반면 호화 저택에 살면서도 불만을 입에 달고 있는 사람들이 있다. 당신이 어떤 처지에 있든, 그 속에서 당신만의 삶을 발견하겠다는 마음을 가져보라. 행복은 생각하기 나름이다.

나설 만한 곳에
나서야 한다

✦ 원숭이와 낙타

동물 회의에서 원숭이가 일어나 춤을 추었다. 그 자리에 있던 동물들이 모두 칭찬하며 박수를 쳤다. 샘이 난 낙타는 자기도 칭찬을 받고 싶었다. 그래서 자리에서 일어나 춤을 추었다. 그런데 그 춤이 너무나도 괴상해서 이를 본 동물들이 낙타를 밖으로 쫓아냈다.

'청춘'이라는 단어를 들었을 때 먼저 떠오르는 이미지가 있다. 장미처럼 향기가 있고 아름답다. 붉은 입술과 나긋나긋한 손발, 팔뚝에 튀어나오는 근육과 불타오르는 정열이 보이는 듯하다. 어디

그뿐인가? 상상력은 퍼내어도 끊임없이 솟아나는 샘물처럼 마르지 않는다. 두려움 속에서도 희망을 바라보는 눈이 보인다.

당신이 청춘의 시기라면 앞뒤 가리지 말고 앞으로 나아가라. 주저하고 움츠려 있다면 아까운 청춘의 기회를 헛되이 버리는 것과 같다. 지금은 부딪혀 깨져도 울지 않고 일어설 때다. 생채기가 나고 피가 나더라도 앞장서는 경험을 하라.

누군가에게 비난을 받을 때 위축되어 뒤로 숨지 마라. 오히려 더 잘하라는 응원을 받고 있다고 생각하라. 결코 기죽지 말고 고개를 들어보라. 나이가 들고 가정이 생기고 세상물정을 깨닫기 시작하면, 그때는 나서고 싶어도 걸림돌이 당신의 발목을 잡는다.

그렇다고 무턱대고 나서라는 것은 아니다. 우선은 내가 나서야 될 상황인지를 생각하라. 그리고 나서야겠다는 판단이 서면 무소의 뿔처럼 앞으로 나아가라. 두들겨 맞아도 기죽지 않고 달려드는 격투기 선수처럼, 목표를 노려보며 밀고 나아가라. 옳다고 생각되면 코가 깨지고 온몸이 피투성이가 되어도 맞붙어라.

청춘일 때는 가만히 있다가 나이가 들어서야 이곳저곳을 기웃거리는 사람들이 있다. 이때는 코피가 터지거나 생채기가 생기면 일어설 에너지가 줄어든다. 혈기왕성한 청춘과는 달리, 넘어지면 일어서기가 힘들어진다. 그러니 젊을 때 다치고 넘어지면서 공격과 수비의 시기를 깨달아야 한다.

다른 사람들이 뛴다고 해서 함께 뛰면 지쳐 쓰러질 수 있다. 가보지 않은 길을 가겠다고 나서는 사람들을 무턱대고 따라가지 마라. 엉뚱한 길을 가거나 길을 잃고 헤맬 수 있다. 친구가 주식으로 돈을 벌었다고 해서 무턱대고 주식시장에 뛰어들다가 상투 잡고 길거리에 나앉을지 모를 일이다.

다른 사람들이 잘하는 것이 있고, 당신이 잘하는 것이 있다. 그대로 따라 한다고 모두가 잘되는 것은 아니다. 뛰어들 장소와 때가 있다는 말이다. 이를 무시하고 무작정 나서지 마라. 나서기 전에 잠시 멈춰서 생각해보라. 그래도 늦지 않다. 이때 할 수 있다는 판단이 서면 망설일 필요가 없다.

당신은 상대가 잘되는 것을 무작정 칭찬만 하는가? 부러워하거나 질투하지 않는가? 상대가 잘되는 것을 부러워하고 질투하라. 부러움과 질투가 없는 사람은 자극을 받아도 반응하지 않는 무감각한 사람이다. 매사에 의욕을 잃은 사람이다. 부러움과 질투는 관심의 표시이자 해보고 싶다는 욕구의 표시다.

질투하지 않는 자는 누가 무엇을 하더라도 사회가 어떻게 돌아가는지 관심이 없는 사람이다. 성장의 욕구가 없는 사람이다. 무조건 부러워하며 질투하라는 것은 아니다. 그들의 성공 과정을 눈여겨보고, 그들만의 노하우를 살펴보며, 당신이 그렇게 하지 못한 것을 반성하라는 의미다.

다만 당신과 어울리지 않는 것까지 샘내며 질투하지는 마라. 할 수 없는 일에 열등감을 가지거나 질투할 필요는 없다. 그것은 아무리 하고 싶은 것일지라도 당신의 것이 아니다.

낙타는 원숭이처럼 재롱을 부려서는 안 된다. 낙타만의 능력을 뽐내야 한다. 사막에서 물 한 방울 마시지 않고 횡단할 수 있는 능력을 보여야 한다. 이야기에 등장한 낙타는 그 누구도 따라 할 수 없는 고유의 재능은 잊어버린 채, 원숭이의 잔재주를 따라 하다 매를 맞고 쫓겨났다. 만일 낙타가 아니라 다른 원숭이였더라면 춤을 추는 원숭이가 잘하는 것을 따라 하며 더 좋은 기술을 보이면 된다. 낙타라면 다른 낙타가 자신보다 더 잘하는 것을 부러워하고 눈여겨보는 것이 성장에 도움이 된다.

다른 사람들이 하는 것이 보기 좋다고 시샘하며 따라 하려다 낭패 본 일은 없었는가? 친구가 잘한다고 나도 잘하는 것이 아니다. 야구선수인 친구가 더 많은 연봉을 받는다고 농구선수가 농구하면서 야구방망이를 휘두른다면 바보가 아니고 무엇이겠는가? 그러니 차라리 최고의 농구선수를 부러워하고, 그의 노하우를 본받으려 노력하는 것이 어떤가?

지금 청춘이라면 두들겨 맞더라도 낙타처럼 어리석은 일에 도전할 수도 있다. 다소 얼토당토하지 않는 도전일지라도 넘어지고 일어서는 과정에서 성장하며 어른이 된다. 그러나 어른이라면 낙타와 같은 어리석은 짓을 해서는 안 된다. 도전해도 안 되는 일이 있음을 알아라. 이겨봤자 본전도 안 되는 싸움이 있다는 것도 알아라. 당신이 나설 만한 곳이 아니라면 나서지 마라.

겉모습만 보고
판단하지 말자

✦ 야생 당나귀와 집 당나귀

한 야생 당나귀가 볕이 잘 드는 곳에서 사는 당나귀를 보았다. 야생 당
나귀는 집 당나귀에게 다가가 맛있는 먹이를 먹을 수 있어서 좋겠다
며 부러워했다. 얼마 후 사람에게 매를 맞으며 무거운 짐을 지고 가는
집 당나귀를 본 야생 당나귀가 소리쳤다. "오! 나는 더 이상 부러워할
수가 없어. 너는 풍요로움을 즐기는 대신 가혹한 대가를 치르는 거야."

한 친구가 다른 친구에게 아내가 예쁘고 상냥해서 좋겠다는 칭
찬을 했다. 그 말을 들은 친구는 "글쎄, 함께 살아봐야 알지"라며

시큰둥한 반응을 보였다. 그런데 이상하게도 방금 칭찬을 했던 친구도 그 대답에 고개를 끄덕이며 공감하는 것이 아닌가?

옆 부서의 부장이 직원들의 고충을 잘 이해해주는 너그럽고 멋진 사람으로 보였다. 조직개편을 하면서 부장이 우리 부서장으로 온다는 소식에 잘된 일이라 생각했다. 그런데 이게 웬일인가. 우유부단한 데다 결재서류는 항상 두고 가라며, 결정을 바로 해주지 않아서 일이 진행되지 않았다.

사람들은 대기업의 중역이라면 대개 연봉이 많고 직장이 탄탄해서 편히 살 것이라고 여긴다. 그런데 자세히 들여다보면 이른 출근, 잦은 간담회, 부서 회의, 고객사 접대, 경영계획 수립, 직원 과제 부여, 업무 체크 등 일과가 빈틈이 없다. 그러니 가정에도 소홀해질 수밖에 없다. 주변 사람들은 속사정도 모르고 부러워할 뿐이다. 정작 본인들은 실적 부담과 가족에게 미안한 마음이 들어서 무력감이나 우울감을 느끼기도 한다.

대개 개그맨들은 집안에 상이 났어도 무대에 올라 청중 앞에서 공연한다. 남들은 명절에 고향을 가거나 가족과 함께 시간을 보낼 때 방송에 출연한다. 시청자는 개그맨의 웃음 이면에는 눈물 어린 사연이 담겨 있는 것을 잘 모른다. 보이는 인기와 돈을 부러워한다. 대개 사람들은 한두 번 만나본 경험이나 겉모습으로 상대를 평가하는 경향이 있다. 그런데 겉모습은 빙산의 일각에 불과하다. 수면 아래의 참모습은 함께 겪어보지 않으면 알 수 없다.

자녀가 부모의 말을 듣지 않고 엉뚱한 짓을 해서 부모를 힘들게 할 때가 있다. 아무리 달래고 설득해도 고쳐지지 않으면 부모는 이렇게 말하기도 한다. "결혼해서 너랑 똑같은 애를 낳아봐라"고 말이다. 그런데 아이는 부모님의 잔소리라 치부하고 마음에 담아두지 않는다. 그러다가 결혼해서 아이를 낳아보면 그제야 부모님이 하셨던 말을 이해하곤 한다.

'사람을 외모로 판단하면 안 된다'는 교훈을 주는 한 일화가 있다. 허름한 복장을 한 노부부가 하버드 대학의 총장실을 찾았다. 그들은 하버드 대학을 1년간 다니다가 죽은 아들의 기념물을 세울 수 있게 허락해달라고 간청했다. 총장은 학교에 죽은 사람을 기리는 동상을 세우면 공동묘지가 될 것이라며 그들의 제안을 거절했다. 그러자 노부부는 건물 하나를 기증하겠다고 했다. 이 말을 들은 총장은 대학 건물 하나를 짓는 데 750만 달러나 든다며 별 기대 없이 말했다.

총장의 말을 들은 그들은 생각보다 돈이 많이 들지 않는다며, 차라리 대학을 세우겠다고 결심했다. 그러고는 아들의 이름을 딴 스탠퍼드 대학을 설립했다. 훗날 하버드 대학에서 이 사실을 알고 나서 교내에 이러한 글귀가 붙었다고 한다. '사람을 외모로 판단하지 마라.'

성공가도를 달리는 경영자나 웃음을 주는 개그맨의 겉모습은 화려하다. 그런데 이면에는 다른 사람들이 못 보는 고충이 있다.

어릴 때 부모님의 충고를 잔소리로만 여기던 자녀가 부모가 되어서야 부모의 심정을 이해한다. 허름한 복장이라고 상대의 말을 가벼이 여긴 하버드 대학 총장의 실수처럼, 우화에서 야생 당나귀는 집 당나귀의 생활을 오판했다.

겉모습이 화려하다고 부러워하지 말고, 허름하다고 무시하지 마라. 겉으로 보이는 것은 빙산의 일각이다. 보이는 화려함 뒤에 깔린 고통을 이해하라.

할 수 없는 일에
목매지 마라

✦ **거북과 독수리**

거북이 독수리에게 나는 법을 알려달라고 부탁했다. 독수리는 거북이

날 수 없다고 말했다. 그래도 거북은 더 간절히 애원했다. 그러자 독

수리가 거북을 움켜쥐고 날아오르더니, 갑자기 허공에서 거북을 놓아

버렸다. 거북은 바위에 떨어져 죽고 말았다.

"고정관념을 깨라. 할 수 없는 일에 도전하라. 쉬운 일만 해서
어떻게 성공할 것인가?" 이 말은 화가 파블로 피카소가 한 말이다.
대개 성공한 사람들이 이구동성으로 추천하는 명언 중에 하나다.

그런데 이와 같은 충고를 들으면 사람들은 어떻게 생각할까? 실제로 할 수 없는 일에 도전해서 성공했다는 사람들을 살펴보면, 자신이 가장 잘할 수 있는 것이나 하기 쉬운 일에 도전했다.

피카소는 고정관념을 깨는 화법으로 명성을 떨쳤다. 그리고 자신이 가장 잘하는 그림에 집중했다. 그림 중에서도 추상화에 전념해 최고의 경지에 올랐다. 피카소는 정치가나 무역상이 되지 않았다. 오직 자신이 잘할 수 있는 그림 그리기에 집중했고, 열정을 담아 그림을 그렸다. 그 결과 그만의 화풍을 만들었다.

우화에서 거북은 자신의 처지는 생각하지 않고 하늘을 날고자 했다. 불가능한 일에 도전한 것이다. 자기가 할 수 있는 일인지 고려하지 않고 독수리에 의지해 하늘을 날아보려고 했다. 독수리가 날게 해줄 것이라는 멍청한 생각이었다.

친구가 유학을 떠난다고 비싼 돈 들여서 무작정 따라나서지는 않은지, 소질도 없으면서 가수가 되겠다며 기획사를 찾아다니는 것은 아닌지, 헛돈을 쓰며 세월을 버리는 것은 아닌지 한번쯤 생각해보자.

하늘을 날고 싶은가? 그렇다면 당신이 할 수 있는 것과 할 수 없는 것을 먼저 구분하는 안목을 가져라. 그리고 할 수 있는 일을 찾아 몰두하라. 무작정 덤벼서는 안 된다. 그러다 엉뚱한 곳에 빠져 보석 같은 재능을 놓칠 수도 있다.

다른 우화에서 거북은 토끼와의 경쟁에서 뚝심 하나로 토끼를 제압했다. 만일 거북이 올곧은 뚝심으로 조금 더 생각했더라면, 독수리가 좋아하는 물고기를 잡아주고 독수리의 마음을 사로잡는 작전을 펼치지 않았을까? 그렇다면 독수리는 거북이 잡아주는 물고기가 먹고 싶어서 거북을 등에 태우고 날지 않았을까? 설령 거북을 떨어뜨린다 해도 바다에 떨어뜨리지 않았을까?

다른 사람들이 잘하는 것이 부럽다면 무작정 따라 하기보다는 당신이 잘할 수 있는 것이 무엇인지 살펴보라. 그리고 몸담은 분야에서 최고가 되는 방법을 강구해보라. 당신이 잘하는 일에 최선을 다할 때 최고의 결실을 맺지 않겠는가? 자신이 가진 것은 무시하고 다른 데 눈을 돌려 부러워하는 사람이라면, 하늘에서 떨어져 죽은 거북과 무엇이 다르겠는가?

좋게 보인다고
무조건 따라 하지 마라

✦ **당나귀와 개와 주인**

한 사람이 개와 당나귀를 기르고 있었다. 당나귀는 늘 개와 함께 놀았다. 주인이 가끔 외식을 하고 과자를 사들고 돌아올 때면, 개는 꼬리를 쳤고 주인은 과자를 던져주었다. 하루는 샘이 난 당나귀가 주인에게 과자를 얻으려고 껑충껑충 뛰었다. 그런데 그만 주인의 발을 밟고 말았다. 화가 난 주인은 당나귀를 외양간에 묶어 버렸다.

직장 상사가 권하는 대로 술을 마셔서 결근을 한 신입사원 이야기를 들어본 적 있는가? 주는 대로 받아 마시다가 결근하는 경우를 꽤 본 적 있다. 결근했다는 보고를 받은 상사는 신입사원에게 '절제를 모르는 사람'이라며 혀를 찬다. 친구의 날씬한 몸매가 부러워서 무리하게 다이어트를 한 사람이 있다. 물만 마시면서 무리하다가 영양실조로 쓰러졌다. 어떤 사람은 성형수술 성공 사례만 보고 따라 했다가 매력적인 자기 얼굴을 잃었다. 따라 한다고 모두 좋을 리는 없다.

우화 속 당나귀는 주인의 사랑을 받는 개가 부러웠다. 그래서 개의 행동을 그대로 따라 했다. 그런데 오히려 정체성을 잃었고 볼썽사나운 모습이 되었다. 좋아 보여도 자신에게 어떤 이해득실이 있는지를 따져보는 수고를 하지 않았기 때문이다. 물론 따라 했을 때 좋은 면도 있다. '프로는 쓸데없는 시간을 허비하지 않는다' '부자는 절약을 생활화한다'처럼 긍정적인 태도를 따라 하면 좋은 습관으로 이어지니 말이다.

따라 할 때 명심해야 할 점이 있다. 첫째, 따라 한다고 누구나 동일한 결과를 얻는 것은 아니라는 점이다. 둘째, 따라 해야 할 것이 있고 따라 하지 말아야 할 것이 있다는 점이다. 마지막으로 셋째, 노력으로 되는 것이 있고 아무리 노력해도 못하는 것이 있다는 점이다.

누구에게나 나름의 재능이 있다. 그러니 따라 하려거든 자기 재능에 적합한 것을 선택하라. 무작정 따라 하다가는 고달파진다. 주도권을 놓치고 그저 다른 사람에게 휘둘리는 삶이 될 뿐이다.

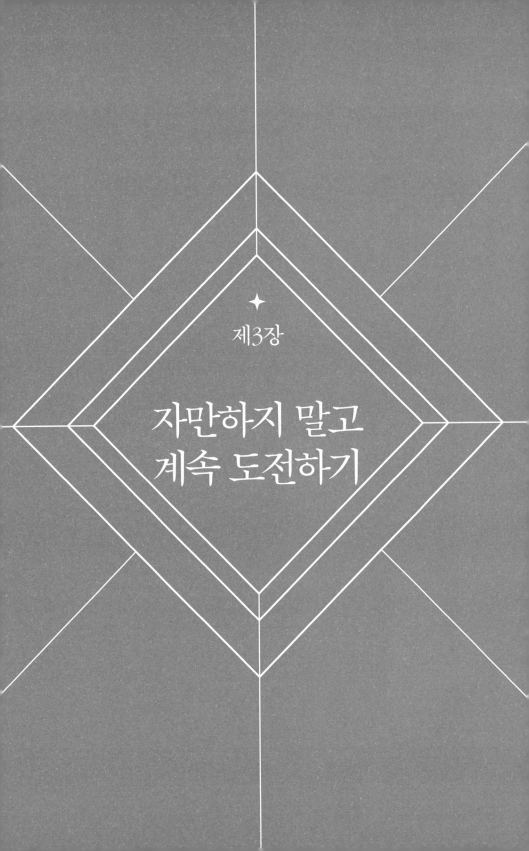

제3장

자만하지 말고
계속 도전하기

거짓 포장은
언젠가 들통난다

✦ 여우와 원숭이의 다툼

여우와 원숭이가 함께 여행을 했다. 그들은 여행 중에 '자기가 더

귀한 존재'라며 다퉜다. 둘은 자기의 지위가 어떤지 이야기하다가

한 묘비에 이르렀다. 원숭이가 묘비를 둘러보더니 한숨을 쉬었다.

여우가 그 이유를 물으니, 원숭이가 묘비를 가리키며 대답했다. "우리

조상들이 부리던 노예와 해방된 노예들의 묘비를 보고 어찌 눈물을

흘리지 않겠나!" 그러자 여우가 말했다. "그래! 마음대로 거짓말할 수

있겠어. 저들 중에 그 누구도 네 말이 거짓이라고, 부인하려고 일어날

수는 없을 테니까."

회사를 그만둔 직장인들은 직장 후배를 만나서 술 한잔하며 한때 자기가 최고의 기획자였다며 자랑하기도 한다. 성공한 정책은 자신의 기획이고 실패한 정책은 상사의 잘못이라는 말도 빼놓지 않는다. 입사 동기인 임원을 들먹이며, 실력은 자신보다 아래였지만 줄을 잘 서서 고위직에 올랐다고도 한다. 자기도 줄만 제대로 섰더라면 지금쯤 임원 자리를 꿰찼을 것이라며, 대단한 사람이라는 걸 어떻게든 보여주려 한다.

그런데 그렇게 말하는 사람은 십중팔구 '다른 사람을 만만히 보는 사람'일 테다. 사실 이런 말을 듣고 있는 상대방도 직장생활을 하고 있기에 어떤 말이 꾸며낸 말인지 정도는 알고 있다. 속으로는 '또 자랑하는구나' 혹은 '그렇게 잘했으면 왜 그 모양인데?'라며 면박하고 싶지만 꾹 참을 뿐이다.

군대 다녀온 남자들 중에서 이런 사람들도 있다. 군대 시절 이야기가 나오면 대한민국의 군사작전은 다 알고 있는 양 떠벌리는 사람들 말이다. 별것 아닌 일도 크게 부풀리거나 자기는 못된 상사를 만나서 기합을 받았지만 후임에게는 손가락 하나 건드리지 않았다며 의로운 사람이라 자랑한다. 마치 낚시꾼이 피라미 하나를 잡은 일을 팔뚝만 한 물고기를 잡은 것처럼 떠벌리는 것과 같다.

대학 등록금을 마련하느라 아르바이트 몇 개를 했다는 사람이 있고, 가족을 부양하느라 공부할 엄두도 못 냈다는 사람도 있다. 부모의 지원이 조금이라도 있었다면 지금은 훨씬 나은 모습일 거라며, 은근히 자신을 치켜세우는 사람들도 있다. 그런 이야기를 들을 때면 '그 정도 고생 안 한 사람이 어디 있어?'라는 생각이 들 때도 있다.

일종의 무용담은 말하는 입장에서는 즐겁다. 듣고 있는 사람이 직접 본 게 아니니까 내용을 부풀리고, 상대방이 그대로 믿는 것 같으니 거짓말을 보탠다. 상대에게 자기 존재를 부각시키기 위해 없는 사실을 만들기도 한다.

어리석은 사람은 진실에서 즐거움을 찾지 않는다. 그저 자신을 '떠벌리는' 데서 즐거움을 찾는다. 이런 부류의 사람들과 몇 번 이야기해보면 그 내용이 진실인지 거짓인지를 판별할 수 있다. 거짓은 거짓을 낳으니 말이다. 허황된 말을 미사여구로 포장한들 그 밑바닥은 드러나기 마련이다. 햇빛이 비치면 눈이 녹듯 말이다.

믿음직스러운 사람이 되고 싶은가? 그렇다면 거짓말을 삼가야 한다. 진실처럼 포장된 거짓말은 반드시 드러난다. 당신의 품격을 높이는 것은 과거를 자랑하거나 포장하는 태도가 아니다. 현재의 모습에서 자연스레 보인다는 것을 명심하라. 있는 그대로를 보여주면 마음이 편할 것이다. 진실을 말하면 상대방도 편하게 받아들인다.

명심하라. 누구나 자기가 세상의 중심이라고 생각한다는 것을 말이다. 그리고 당신보다 못난 사람은 없다는 것을. 그렇기에 자신을 거짓 포장하지 마라.

떠벌리고 싶다면
스톱을 외쳐라

✦ **함께 사냥을 나간 사자와 당나귀**

사자와 당나귀가 동맹을 맺고 사냥을 나갔다. 사자는 소가 있는 동굴에 이르렀고 동굴 입구에 자리를 잡았다. 당나귀는 동굴 안으로 깊숙이 들어가 염소들 사이에서 울부짖었다. 사자가 몸집이 큰 염소를 잡았을 때 당나귀가 나오더니, 자기도 용감하게 싸워 염소들을 밖으로 밀어냈다며 으스댔다. 이 말에 사자가 대답했다. "네가 당나귀인 줄 몰랐더라면 나라도 겁났을 거다."

부모가 자식을 자랑하는 일은 본능적인 행동이다. 부모라면 자기 자식이 이 세상에서 가장 소중하고, 때로는 가장 잘났다고 생각하기 때문이다. 어떤 사람들은 자식이 공부를 어느 정도 잘하면 다른 아이들은 아랑곳하지 않고 자식 자랑을 한다. 공부만이 아니다. 취업한 자녀의 연봉이 높다면서 다른 사람의 반응은 무시하고 자식 자랑에 열을 올리기도 한다.

　이때 찬물을 끼얹는 사람들이 있다. "그렇게 공부를 잘한다는데 어느 대학에 다녀?" "어느 회사에 다니고 어떤 일을 해?"라는 식의 질문으로 사실인지 확인하려는 사람들이다. 이때 자랑하던 사람들 대부분은 떨떠름한 표정을 지으며 대답을 주저한다. 왜 그런 질문을 하느냐며 말이다.

　한편 '자랑의 고수'도 있다. 그들은 아주 간단하게 설명한다. "우리 아들은 하버드에 다녀" "우리 딸은 구글에 입사했어"라며 사회적으로 공인된 사실을 말함으로써 다른 이의 자랑을 몇 마디로 제압한다.

　잘난 체하는 사람들은 자기 말에 다른 사람들이 감동하고 있다고 착각한다. 이 착각 때문에 상황을 점점 부풀리기까지 한다. 급기야 없는 일까지 만들고 거짓말도 불사한다. 친분이 별로 없는 사람에게는 어느 정도의 효과가 있다. 그가 어떤 사람인지 모르기 때문에 말하는 사람의 의도가 정확히 들어맞는다. 그런데 그를 잘 알고 있는 사람들 앞에서는 어떨까? 그저 '웃기는 이야기'일 뿐이다.

우리는 자기 장점을 적극적으로 알려야 하는 세상에서 살고 있다. 때로는 '떠벌리며' 자기 존재감을 만천하에 드러내야 한다. 남산골 샌님처럼 두문불출하며 글만 읽어서는 누구도 알아주지 않는 세상이다.

사소한 아이디어라도 발표해야 하고, 유망한 사업 아이템이라면 적극적으로 홍보해야 한다. 이때 유의할 점이 있다. 오늘의 세상은 '투명하다'라는 것이다. 조금이라도 이상하면 순식간에 발각된다. 그렇기에 거짓 정보는 안 된다. 별것 아닌 것을 대단한 것인양 포장해서도 안 된다. 없으면서 있는 체해서도 안 된다.

친구들 앞에서 잘난 척하지 마라. 따돌림만 받을 것이다. 잘 알고 있는 사이라면 떠벌리지 말고 뽐내지도 마라. 허풍쟁이로 전락할 것이다. 이웃 간에 거짓말을 하지 마라. 비웃음만 당할 것이다.

자랑하고 싶은 것이 있는가? 그저 자랑거리가 아니라고 생각하라. 당신만이 가지고 있는 특별한 것이라고 생각되더라도 누구나 가질 수 있는 것이라 생각하라. 그럼에도 떠벌리고 싶다면 마음속으로 '스톱!'을 외쳐라.

타인을
무시하지 말자

✦ 헤르메스와 조각가

헤르메스는 사람들이 자기를 어떻게 평가하고 있는지 궁금했다. 그래서 인간으로 변신하고 조각가의 작업실에 갔다. 헤르메스는 제우스 상을 보고 가격이 얼마인지 물었다. 그러자 조각가가 대답했다. "1드라크마요." 헤르메스는 미소를 띠며 물었다. "헤라 상은 얼마요?" 조각가가 대답했다. "더 비싸지요." 자기의 조각상을 발견한 헤르메스는 제우스의 전령이자 상업의 신인 자신이 사람들에게 더 높은 평가를 받을 거라고 생각하고서 얼마인지 물었다. 조각가가 대답했다. "당신이 앞의 두 조각상을 산다면 그건 그냥 주겠소."

단체 사진을 볼 때 가장 먼저 보는 것이 무엇일까? 아름다운 배경이나 친구들의 얼굴일까? 아니다. 아마도 가장 먼저 찾는 것은 자기 얼굴일 것이다. 어떤 사진이 가장 잘 나온 사진일까? 아름다운 배경이나 초점이 잘 맞은 사진일까? 아니다. 자기 얼굴이 잘 나온 사진이 가장 잘 나온 사진이다. 배경이 아름답다 한들 눈을 감고 있거나 이상한 표정을 지었다면 잘 나온 사진이 아니다.

영화를 볼 때 우리는 어느 편에 설까? 선한 사람이 우리 편이고, 주인공을 나에게 대입시킬 것이다. 주인공에게 대적하거나 나쁜 역할을 하는 사람은 우리 편이 아닐 테고, 나는 더더욱 아니다. 우리는 어떤 일을 맡든 자기가 주인공이라고 여긴다. 비중이 적은 일을 맡을지라도 그 일에서는 주인공이 되고자 한다.

성경에 "천하를 다 얻고도 생명이 없다면 그 무슨 소용이 있겠는가?"라는 구절이 있다. 아무리 보잘것없더라도 내가 세상의 중심이라는 말로 해석할 수 있다.

대학교수가 자기가 박식한 사람이라며 뱃사공을 하대한다면 어떻게 강을 건널 것인가? 성직자가 자신의 일이 고상하다며 석공을 무시한다면 누가 성당을 지을 것인가? 경영자가 청소부를 무시한다면 어떻게 쾌적한 사무실에서 지낼 수 있을 것인가?

뱃사공은 풍랑을 이겨낼 기술과 힘을 갖고 있다. 석공은 어떤 바위가 조각하기에 좋은 바위인지 감별할 능력이 있다. 청소부는 무엇부터 정리하면 사무실이 쾌적해지는지 잘 알고 있다. 어떤 직업이든 저마다의 고유한 기술이 있다. 교수, 성직자, 경영자가 자기 분야에서 최고가 되려고 해당 분야를 공부하듯, 뱃사공이나 청소부도 자기 분야에서 최고가 되기 위해 공부하고 있다는 사실을 명심하라.

만일 당신이 친구보다 많은 연봉을 받고 고급 승용차를 타고 다닌다고 해서 친구들을 무시한다면, 그들도 당신을 무시할 것이다. 당신이 겸손한 태도를 보이면 상대방도 겸손하게 대할 것이다. "가는 말이 고와야 오는 말이 곱다"라는 속담을 명심하라. 상대방을 존중하면 당신도 존중받을 것이다.

행복하게 살고 싶다면 무리에게 무시당하지 않아야 한다. 그러려면 다음 2가지를 명심하자. 첫째, 다른 사람들을 무시하지 않는다. 상대를 진심으로 대할 때 그도 당신을 진심으로 대한다. 둘째, 다른 사람에게 관심을 갖는다. 당신이 다른 사람에게 관심을 가질 때 당신도 관심받는 사람이 된다.

거짓 칭찬을
조심하라

✦ 까마귀와 여우

까마귀 한 마리가 고기 한 조각을 물고 나무 위에 앉았다. 이를 본 여우가 배가 고파졌다. 여우는 꾀를 내어 까마귀한테 가서 우아하고 아름다운 모습에 반했다며, 만약 목소리만 아름답다면 분명히 새들의 왕이 될 거라 덧붙였다. 목소리에 부족함이 없다는 것을 보여주고 싶어진 까마귀는 큰 소리를 내질렀다. 그러다 그만 고기를 떨어트렸다. 여우는 재빨리 고기를 주워들고 이렇게 말했다. "까마귀야, 네가 판단력도 있다면 새들의 왕이 되기에 부족하지 않을 텐데!"

조련사는 물속에 줄을 길게 쳐놓고 돌고래가 그 줄을 뛰어넘게끔 유도한다. 이때 줄을 뛰어넘어 헤엄쳐 오는 돌고래에게 먹이를 주며 칭찬한다. 반면 줄을 넘지 못하고 줄 밑으로 헤엄쳐 오는 돌고래에게는 먹이를 주지 않고 무관심한 척한다. 이 방법으로 줄의 높이를 점차 올리며 돌고래를 고난도 훈련에 적응시킨다. 칭찬과 보상으로 돌고래를 조련하는 것이다.

간혹 "인상이 참 좋으십니다"라고 슬쩍 말을 걸며 접근하는 사람들이 있다. 일명 '도에 관심이 있습니까?'라며 접근하는 사람들이다. 깜짝 놀라 그들이 내미는 손을 뿌리치고 그 자리를 벗어나지만 '정말 내가 인상이 좋은가?'라며 은근히 기분이 좋아지기도 한다. 거짓 칭찬인 줄 알면서 말이다.

거짓 칭찬과 진짜 칭찬은 같을까? 칭찬을 들었을 때의 뇌가 어떻게 반응하는지 조사한 결과를 보면, 쾌락을 관장하는 부위가 거짓 칭찬이나 진짜 칭찬과 관계없이 동일하게 활성화됨을 알 수 있다. 우리의 뇌는 진실 여부와 상관없이 칭찬이라면 일단 기분이 좋아진다는 것이다.

우화에서 여우의 거짓 칭찬에 우쭐해진 까마귀는 꾐에 넘어갔다. 까마귀는 여우의 칭찬이 속임수라는 사실을 알았을 수도 있다. 그래도 칭찬이 주는 기쁨을 주체하지 못해 자기도 모르게 노래했을 수 있다. 칭찬이라는 미끼가 이성을 마비시켰기 때문이다.

칭찬 받을 만한 일로 칭찬을 받았다면 주저하지 말고 감사의 마음을 표하라. 칭찬 받을 일이 아닌데 칭찬을 받으면 어떻게 할까? 감사의 마음을 표하기에 앞서 칭찬의 의도가 무엇인지 잠시 생각해보라.

간혹 칭찬을 할 사람이 아닌 사람에게서 칭찬을 받을 때가 있다. 이때는 경계하라. 분수에 넘치는 칭찬이라면 주의하라. 거짓 칭찬이 올무가 되어 당신을 낭패에 빠지게 할 수도 있다. 칭찬을 상황에 맞게 받아들이자. 칭찬에 눈이 어두워 '날뛰거나 우쭐해하지' 마라. 자칫 비웃음을 당할지 모른다.

과대평가는
착각의 근원이다

✦ 자기 그림자를 뽐내는 늑대와 사자

늑대가 사막을 떠돌고 있었다. 날이 뉘엿뉘엿 저물었다. 늑대가 길게

쭉 뻗은 자기 그림자를 보고 이렇게 말했다. "내 그림자 크기 좀 봐!

사자도 두려워하겠는 걸! 이 정도 크기라면 동물의 왕이 되는 일도 쉽

지 않을까?" 늑대가 자만했을 때, 힘센 사자가 나타나 늑대를 사냥하

기 시작했다. 그러자 생각이 바뀐 늑대가 외쳤다. "거만함은 불행을

초래하는구나!"

대다수의 사람들은 남을 이겨서 더 많은 것을 얻으려 한다. 경쟁은 인간이 살아가는 데 피할 수 없다. 다만 지나친 경쟁은 이성을 마비시키고, 심하면 파멸의 길로 빠지게 한다. 이성이 마비된 사람에게는 상식이 작동되지 않는다. 상생은 뒷전이고 자기 이익이 최고라는 생각에 상대는 안중에도 없다. 상대의 노력은 당연한 것이라며 평가절하하고, 자기 노력만이 인정받아야 한다고 생각한다. 결국 이 생각은 욕심을 낳고 만다. 욕심은 현실을 왜곡시키고 자기를 과대평가하게 만들어 스스로를 파탄의 장으로 몰아간다.

과대망상에 휩싸인 사람들은 자기 능력에 대한 불합리한 확신이 있다. 능력을 현실보다 높게 평가하고 이를 사실이라 믿는다. 자신은 현명한 사람이자 올바른 판단을 하는 사람이라 여긴다. 타인의 아이디어는 참고사항일 뿐, 오직 자기가 최고라고 생각한다. 그 결과 특별한 대우를 받길 원하고, 그렇지 않으면 분노하거나 절망한다.

자기를 과대평가하는 태도에 역기능만 있는 것은 아니다. 능력 이상의 일에 도전하게 해서 의외의 성과를 거둘 수도 있다. 게다가 누구도 흉내 낼 수 없는 고유의 매력을 믿고, 그에 걸맞은 행동을 하게 만든다. 역량 있는 사람임을 적극적으로 표현해 좋은 인상을 심어주기도 한다.

이처럼 자기를 과대평가하는 일에는 역기능과 순기능이 공존한다. 다만 확대된 자신의 그림자를 자신의 실체라고 착각하는 과대망상증은 자기 생명을 앗아갈 수 있는 사자를 알아차리지 못하는 눈먼 장님으로 만들 뿐이다.

스스로를 멋지게 포장하고 싶지 않은 사람이 얼마나 있겠는가? 취업준비생은 구직에 앞서 자기소개서를 그럴듯하게 써서 포장한다. 직장인은 인사고과를 잘 받으려고 업적을 부풀려서 포장한다. 기업을 책임지는 CEO는 주주들의 환심을 사기 위해 실적을 기대 목표 이상으로 포장한다. 장사꾼은 고객의 이목을 끌기 위해 그럴듯하게 상품을 포장한다.

과대망상증은 현실을 그대로 바라보지 못하고 자신이 최고라고 착각하게 만든다. 과대망상은 겸손과는 원수지간이다. 성공의 사다리를 넘어뜨리는 방해자이자 정상적인 인생을 왜곡시키는 원흉이다. 하늘은 과대망상을 인정하지 않는다. 다만 겸손한 마음을 가질 때, 하늘도 도움의 손길을 내밀어 성공의 사다리를 확실하게 내려줄 뿐이다.

거짓말,
나를 황폐화시킨다

✦ 아들 두더지와 어미 두더지

아들 두더지가 어미에게 자기는 앞을 잘 볼 수 있다고 말했다. 어미는

이를 확인해보고 싶었다. 그래서 꽃을 건네며 이게 무엇인지 물었다.

두더지가 "돌멩이예요"라고 대답했다. 그러자 어미가 말했다. "애야,

넌 보지 못할 뿐만 아니라 냄새도 못 맡는구나."

청문회에서 이 모습을 본 적 있을 것이다. "기억이 나지 않는다"

라며 뻔히 알고 있는 것도 모르쇠로 일관하는 정치인들 말이다.

"난 한 푼도 받지 않았다"라면서 새빨간 거짓말을 얼굴색 하나 변

하지 않고 말하는 모습을 본 적 있는가?

속이 뻔히 보이는 거짓말, 비밀을 지키기 위해 하는 거짓말, 당장의 창피함을 모면하기 위한 거짓말, 자존심을 살리기 위한 거짓말, 마음에도 없는 거짓말, 금세 들통날 일을 부인하는 거짓말, 밑지고 판다는 거짓말, 아부하는 거짓말, 금방 도착한다며 고객의 재촉을 무마시키는 거짓말, 차가 막혀서 늦었다는 상투적인 거짓말, 거짓인 줄 몰랐다는 거짓말 등 거짓말의 종류도 다양하다.

"바늘 도둑이 소 도둑 된다"라는 말이 있다. 작은 거짓말도 계속하면 눈덩이가 굴러가듯, 나중에는 거둘 수 없는 거짓말이 되고 만다. 눈앞의 곤란을 면하기 위한 거짓말은 이를 정당화하느라 또다른 거짓말을 낳는다. 재미로 한 거짓말은 오해를 낳고, 이를 해명하느라 또 다른 오해를 낳는다.

미국 캘리포니아 대학에서 실시한 연구에 따르면, 사람들은 약 8분에 한 번꼴로 거짓말을 한다고 한다. 누구나 알게 모르게 거짓말을 일상적으로 한다는 뜻이다.

거짓말이라고 해서 모두 나쁜 것만은 아니다. 사실대로 말할 수 없을 때도 있기 때문이다. 예를 들어 고객의 부당한 요구에도 웃는 얼굴로 응대해야 할 때가 그렇다. 상태가 심각한 환자에게 안정을 취하면 괜찮아질 거라는 선의의 거짓말이 나쁜 것은 아니다.

레프 톨스토이는 "남에게 거짓말을 하는 것은 좋지 않다. 게다가 자기 자신에게 거짓말을 하는 것은 더욱 나쁘다. 남에게 하는 거짓말은 고쳐줄 수 있지만 자기에게 하는 거짓말은 고쳐주는 사람이 없기 때문이다"라고 했다. 그의 말처럼 거짓말이란 남보다 먼저 자기 자신을 황폐화시킨다. 그렇기에 거짓말이 입 밖으로 나오려면 잠시 멈춰야 한다. 스스로 거짓말이라는 사실을 인식하고 잠시 멈추자.

더욱이 같은 사람에게 똑같은 거짓말을 계속하고 있다면 말하기 자체를 멈추어야 한다. 그렇지 않으면 거짓말을 정당화하느라 계속 거짓말을 하고, 그 결과 신뢰마저 잃는다.

지위에 적합한
처신을 하라

✦ **제우스와 여우**

제우스가 여우의 총명함과 민첩함에 감탄해 '동물의 왕' 자리를 여우에게 주었다. 곧 제우스는 지위가 달라진 여우가 탐욕스러운 습관을 바꿀 수 있을지 궁금해졌다. 제우스는 여우가 가마를 타고 지나갈 때 눈 밑에 풍뎅이를 놓아두었다. 여우는 가마 주위에서 파닥거리며 날아다니는 풍뎅이를 보고, 예절은 무시하고 밖으로 뛰쳐나와 풍뎅이를 잡으려고 했다. 여우의 행동에 분개한 제우스는 여우에게 준 왕좌를 거둬버렸다.

졸부는 부자임을 과시하려고 몸치장에 심혈을 기울인다. 호화 저택에서 살거나 고급 승용차를 운전하며 명품과 보석으로 온몸을 감싼다. 돈으로 학위를 사거나 부유함을 공공연하게 드러내려 한다. 하지만 실체를 알고 있는 사람들은 졸부의 과시적인 행동 때문에 기분이 상한다. '허세 덩어리'라고 졸부를 비하하며 노골적으로 멸시하기도 한다. 그런데 어쩌겠는가. 졸부라고 비웃는 사람들도 내심 '돈벼락이라도 맞아서 부자가 되었으면 좋겠다'라고 생각하니 말이다.

돈이 많아 좋은 집과 비싼 차를 가지고 있다 해서 누구에게나 부러움을 받는 것은 아니다. 대접받기를 원하면서도 이웃의 어려움을 외면하는 사람은 진정한 부자가 아니다. 노점상에서 100원을 깎느라 상인과 실랑이하는 사람이라면, 아무리 진주목걸이를 걸쳤다 한들 가치 있는 보석으로 보는 사람은 별로 없을 것이다.

물론 졸부를 멸시하고 비난할 일만은 아니다. 지방에서 살던 사람이 서울에 갔다고 어떻게 하루아침에 서울말을 잘할 수 있겠는가? 어렵게 살던 시절에 즐겨 먹던 음식의 맛을 환경이 바뀌었다고 어찌 잊어버릴 수 있겠는가?

힘없는 여우가 하루아침에 동물의 왕이 되었다고 다른 동물들을 한순간에 떨게 만들 수는 없는 노릇이다. 왕의 지위가 주어졌다 해도 이에 적합한 언행을 훈련하고 다듬는 시간이 있어야 한다. 그래야 동물의 왕다운 모습이 나타나지 않겠는가?

박지원이 쓴 『양반전』을 보자. 이 소설에는 양반을 부러워하는 돈 많은 부자가 등장한다. 부자는 양반의 신분을 돈으로 사기로 결정했지만, 양반의 행실을 따라 하기가 너무나 어렵다는 사실을 깨닫는다. 벼슬자리를 얻기 위해서는 글공부를 해야 하고, 급한 일이 있어도 뛰어다니면 안 되기 때문이다. 양반의 체통을 지키기 위해서 '해야 하는 것'과 '하지 말아야 할 것'이 너무나 많았다. 결국 부자는 양반을 포기하고 마음 편히 평민으로 살기로 결정했다.

습관을 단번에 고치기는 힘들다. 얼마 안 된 어린 나무라면 힘들이지 않고 뽑을 수 있다. 반면에 오래된 나무는 도구를 사용하지 않고서는 쉽게 뽑히지 않는다. 다시 말해 오래된 것일수록 고치기가 어렵다는 뜻이다.

졸부라는 말을 듣지 않으려면 이웃을 배려하고 부자의 언행을 공부해야 한다. 그래야 "개구리 올챙이 적 생각 못 한다"라는 비난을 듣지 않는다. 가난할 때 사귀었던 친구들을 모른 척하거나 무시해서도 안 된다. 원래 있던 좋은 습관은 유지하되 부자 세계의 새로운 습관을 찬찬히 배워야 한다.

우화에서 어느 날 갑자기 동물의 왕이 된 여우는 자기도 모르는 새 예전 습관이 나타났다. 어쩌면 지금까지 보지 못했던 신선한 행동일 수도 있다. 그러나 여우는 서민이 아니라 국가를 다스리는 왕이다. 왕에게는 왕으로서 요구되는 행동이 있다. 왕이기에 기대되는 품위가 있다. 이를 저버린다면 왕의 지위를 인정받지 못한다.

아무도 당신의 허풍을
믿지 않는다

✦ 허풍쟁이

사람들에게 늘 "기술이 부족하다"는 비난을 받던 운동선수가 있었다.

하루는 자신이 여러 나라에서 이룬 업적에 대해 허풍을 늘어놓았다.

특히 로도스에서는 젊은 올림픽 선수와도 견줄 수 없을 만큼 높이 뛰

어 올랐다고 자랑했다. 그 자리에 있던 사람들이 여기로 온다면 증인

이 될 수 있을 거라고도 덧붙였다. 그러자 이야기를 듣고 있던 한 사

람이 말했다. "여보시오. 그게 사실이라면 증인은 필요 없소. 여기서

로도스에서처럼 똑같이 뛰어보시오."

며칠간 해외여행을 다녀와서는 그 나라의 문화를 전부 파악한 것마냥 떠벌리는 사람들이 있다. 주식에 투자해 대박을 터뜨렸다며 자기가 '주식투자의 고수'라고 떠벌리는 사람들도 있다. 그들의 허풍은 처음에는 맞아든다. 그런데 조금만 깊이 들어가보면 밑천 없는 허풍쟁이라는 사실이 금방 드러난다.

지나가는 개미를 보고서 황소를 보았다며 너스레를 떠는 사람, 자기가 수탉 울음소리를 내면 밤중에도 해가 떠오른다는 허풍을 떠는 사람도 있다. 사람들은 그들의 이야기를 재미있게 들어주기는 한다. 그런데 그 횟수가 잦으면 진실을 말해도 허풍쟁이라 여겨 따돌림을 당할 수 있다.

취업 포털 사이트에서 직장인 1,093명을 대상으로 조사를 한 적이 있다. '허풍쟁이 동료의 유무'에 대한 설문조사였다. 이 중에서 75%가량의 사람들이 '주변에 허풍쟁이 동료들이 있다'고 답했다. 허풍의 주제는 업무 실력, 과거의 경험, 인맥 등 대개 자기 업적이나 신상과 관련된 것이었다. 허풍을 듣는 사람들의 반응은 '짜증난다' '안쓰럽다' 등이 주류를 이루었다.

허풍에 대처하는 방법으로는 무엇이 있을까? '무시'가 43%였고 약 3%만이 '솔직히 말한다'라고 대답했다. 앞에서 대놓고 지적하거나 비난하지는 않지만, 상대가 허풍을 떤다는 사실은 알고 있다는 것이다.

연애할 때 남자는 여자에게 '잘 보이려고' 간혹 허풍을 떨기도 한다. '우리 집이 좀 산다'며 후광효과를 노리거나 '운동 좀 했다'라는 말로 남자다움을 내보이려 한다. 전부 그런 것은 아니지만 대개 여자는 내숭을 떨며 본래의 모습을 감추기도 한다.

자기를 과시하는 허풍이나 본모습을 감추는 내숭이라 할지라도 뒷감당을 할 수 있는 정도라면 문제되지 않는다. 그런데 뒷감당할 수 없는 허풍은 재미 삼아 내뱉은 것일지라도 자칫 독으로 돌아올 수 있다는 것을 기억하자. 인간관계에 금이 가게 하거나 그동안 쌓아왔던 신뢰를 한순간에 잃게 만들기도 한다.

"침묵은 금이요, 웅변은 은이다"라는 속담을 들어본 적 있는가? 그저 입을 다물고 살라는 의미일까? 아니다. 삶 자체가 웅변이라는 말로, 일상에서 진실된 모습을 보여주라는 의미다.

허풍쟁이가 아닌 믿음직한 사람이 되고자 한다면 다음을 명심하라. 사람들이 당신의 허풍을 믿을 것이라는 기대를 버려라. 한두 번의 허풍은 인간관계에서 적절한 양념이 되지만, 그 이상은 하지 않는 게 좋다. 실패를 실패로 끝내야지 장황한 변명은 하지 마라.

자랑하고 싶어서 입술이 달싹거리는가? 그럴 때면 잠시 어금니를 깨물고 입을 다물어라. 그리고 다른 사람들의 이야기에 귀를 기울여보라. 우화에서처럼 '여기가 로도스라고 생각하고 뛰어보라'는 말을 듣는 것보다 나을 것이다.

이겼다고 자만하지 말고, 졌다고 포기하지 마라

✦ 수탉 두 마리와 독수리

수탉 두 마리가 암탉들을 차지하려고 싸우고 있었다. 그 결과 한 마리가 다른 한 마리를 내쫓았고, 패자는 덤불숲에 숨었다. 승자는 하늘로 오르더니 높은 담장에 앉아 목청껏 노래를 부르기 시작했다. 그때 독수리 한 마리가 그 수탉을 잡아채갔다. 그러자 숨어 있던 수탉이 모든 암탉을 차지하게 되었다.

천신만고 끝에 마지막 상대를 누르고 올림픽에서 금메달이 확정되는 순간, 승리한 선수는 감격에 겨워 눈물을 펑펑 쏟는다. 그리고 세상을 다 얻은 듯한 표정으로 국기를 몸에 두르고 손을 흔들며 경기장을 한 바퀴 돈다. 관중들도 승자의 손짓에 환호하며 함께 기뻐하고 축하한다. 올림픽이 끝나더라도 다음 올림픽이 그들을 기다리고 있다. 승리한 선수들은 이 순간의 감동을 다음에도 맛보리라 생각하며, 더 열심히 훈련하겠노라 다짐한다.

그러나 우리가 살고 있는 세상은 승자가 자기 일에 몰두하도록 가만두지 않는다. 승리의 기쁨을 함께 나누자며 방송국에서 초청하기도 한다. 그들의 초청에 응하다 보면 승자는 의도치 않게 훈련을 게을리 하기도 한다. 선수로서의 자세를 잊은 것이다.

승자들이 성공의 기쁨을 맛볼 때 패자들은 무엇을 하고 있을까? 절치부심하며 훈련에 몰입해 칼을 간다. 게다가 신진 선수들은 새로운 기술과 힘으로 무장해, 위로 치고 올라가고자 훈련한다. 국가대표 선발전이 시작되면 한때 승리의 기쁨을 누렸던 선수는 무명 선수에게 패하고, 올림픽 무대도 밟지 못하는 불운을 겪기도 한다.

대통령에 당선된 사람들은 "나는 전직 대통령과 달리 부정부패를 저지르지 않겠다"며 자신 있게 말한다. 권력을 개인의 이익에 개입시키지 않고 친인척을 철저히 관리해, 임기가 끝날 때 멋지게 떠날 것이라며 다짐한다. 불행한 결말을 맺는 대통령이 되지 않겠다는 다짐이다.

이들은 자기 주변에 부정직한 사람이 없고 도덕적으로도 아무

문제가 없다고 강조한다. 그런데 호언장담이 무색할 만큼, 임기가 끝날 때가 되면 심복을 비롯해 친인척들이 줄줄이 검찰에 불려나가곤 한다.

누구든지 승리의 기쁨을 맛보고 싶어 한다. 승자는 자신을 능가할 선수가 없다고 생각한다. 승리의 기쁨에 도취되어 성공의 뒷면에 실패의 그림자도 있다는 사실을 깜박 잊어버리기도 한다. 물론 기쁨을 표현하는 일이 비난받을 일은 아니다. 자신의 가치가 긍정적으로 인정받음을 기뻐하고 꾸밈없이 표현할 뿐이다. 그러나 계속해서 영광을 누리고 올라간 자리를 지키기 위해서는 패배의 아픔을 달래는 또 다른 사람들이 있다는 것도 알아야 한다.

세상에는 뛰는 사람 위에 나는 사람이 있고, 나는 사람 위에 쏘는 사람이 있다. 신기록이란, 사실 수립된 순간부터 '깨지기를 기다리는 기록'일 뿐이다. 패자는 영원한 패자가 아니고, 승자도 영원한 승자가 아니다.

앞서가는 사람은 사냥의 표적이 되어서 언제, 어디서 화살을 맞고 거꾸러질지 모른다. 도처에는 도전이 기다리고 있고 신기술은 언제 어디서 나타날지 모른다. 패배했다고 생각하는 사람들은 이 말을 명심하라. 절대로 포기하지 마라. 승자는 자만심 때문에 몰락할 수도 있고, 다른 강자가 나타났을 때 자리를 내주어야 할 수도 있다.

절치부심하는 자세로 '승리'라는 목표를 기다려보라. 승리의 여신은 당신에게 손을 내밀고 있다는 것, 그리고 당신이 그 손을 잡아주길 언제나 기다린다는 것을 기억하라. 먹구름 위에는 밝게 빛나는 태양과 청명한 하늘이 있다는 것도 잊지 마라.

인생의 승리자가 되고 싶은가? 그렇다면 이겼다고 자만하지 말고, 졌다고 포기하지 마라. 그리고 도전하고 도전하라. 도전하지 않는 자는 어제의 패배를 설욕할 수 없다. 두려움을 동반자로 삼고 담대함으로 앞길의 장애물을 걷어차라. 울타리를 뛰어넘을 때야말로 또 다른 세상을 만날 수 있다. 울타리를 넘어갈 때 푸른 초원이 눈앞에 보이고 새로운 인생이 펼쳐질 것이다.

제4장

사람들의 원망을
사지 않는 법

험담은
반드시 되돌아온다

✦ **사자와 늑대와 여우**

여우를 제외한 모든 동물이 아파서 몸져누운 사자를 문병했다. 이때다 싶은 늑대가 사자 앞으로 나가 여우를 비난했다. "여우는 대장을 존경하지 않아서 안 온 것입니다." 때마침 도착한 여우가 늑대의 말을 들었다. 사자가 여우에게 화를 내자 여우가 대답했다. "여기 모인 동물들 중에서 저만큼 대장을 위하는 자가 있을까요? 누가 대장의 병을 낫게 할 약을 구하러 여기저기 돌아다니겠습니까?" 사자는 그 약이 무엇인지 물었고 여우가 대답했다. "늑대의 생살을 벗겨내어 온기가 있을 때 두르고 있는 것입니다." 늑대는 즉시 처형을 당했다.

주변 사람들의 약점을 캐내어 당사자가 없는 곳에서 험담하는 사람들이 있다. 그들은 자기 말은 정확한 정보이고 신뢰할 수 있는 소식이라고 덧붙인다. 험담꾼은 그럴듯한 인과관계까지 만들어 논리적으로 설명한다. 그들이 말하는 정보를 다른 사람에게 알려서 피해를 미연에 방지해야 한다고도 말한다.

거짓말도 반복해서 들으면 진실처럼 들리기도 한다. 그러니 험담을 들으면 처음에는 '에이, 설마' 하며 의심하지만 여러 번 들으면 사실인 양 오해하고 만다. 이때 문제는 거짓된 이야기가 다른 사람에게도 옮겨진다는 것이다. 험담은 걷잡을 수 없이 이곳저곳으로 퍼지고, 험담의 대상자는 어느새 부정적인 낙인이 찍혀 손가락질까지 받는 처지에 이른다.

험담이란 다른 사람의 잘못된 점이나 흥이 될 만한 점을 찾아내 말하는 것이다. 당사자 면전에서 이루어지는 것이 아니고 그가 없는 곳에서 이루어진다. 그래서 해명할 기회조차 없다. 그리고 이야기는 퍼지고 돌이킬 수 없는 결과를 만든다.

발 없는 말이 천리를 가듯, 험담이 옮겨지기 시작하면 빠른 속도로 퍼져나간다. 그 과정에서 내용은 부풀려지고 변질되어 처음과는 완전히 다른 내용이 된다. 게다가 온라인에 퍼지기라도 하면, 그 순간 친분이나 물리적 거리와는 상관없이 전국으로 퍼져나간다.

만일 험담에 귀를 기울이는 사람이라면 주의해야 할 것이 있다. 험담을 듣고 있는 사람까지도 험담한다는 사실이다. 사람들의 약점을 캐내서 말 옮기기를 즐겨하는 사람 앞에서 맞장구를 치거나 재미있어 하지 마라. 결국 당신이 험담의 대상이 되기 때문이다.

다른 사람을 험담할 때도 주의해야 할 것이 있다. 당신 앞에서 맞장구치는 그 사람을 조심하라. 그가 당신의 말을 인정하고 있다고도 생각하지 마라. 당신이 말하는 것을 당사자에게 말할지도 모를 일이다. 더욱이 당신이 말한 것을 부풀려서 전달하고, 당신에 대한 험담을 덧붙일 수 있다. 부메랑이 되어 돌아오고 만다.

만약 장사를 한다면 손님이 성가시게 군다며 다른 손님들 앞에서 그를 흉보지 마라. 다른 손님은 당신이 자신도 흉볼 것이라 여겨 발길을 끊을지도 모른다. 당신이 직장인이라면 상사가 못살게 군다고, 상사가 없는 곳에서 험담하지 마라. 당신이 말한 그 험담이 상사의 귀로 들어갈 수 있다.

심리학에서는 '험담'이 세로토닌처럼 스트레스를 희석시키는 긍정적인 호르몬을 증가시킨다고 한다. 하지만 스트레스를 풀겠다는 이유로 다른 사람을 험담해서야 되겠는가? 우화에서처럼 여우를 험담하다가 역풍을 맞아 죽고 마는 늑대의 신세가 되지 않을까 염려스럽다. 남의 험담을 함부로 해서는 안 된다.

은혜는
은혜를 낳는다

✦ **농부와 독수리**

한 농부가 그물에 걸린 독수리를 발견했다. 농부는 독수리를 불쌍히

여겨 그물에서 놓아주었고, 독수리는 은인에게 감사하는 마음이 들었

다. 어느 날, 독수리가 무너져가는 벽 아래에 앉아 있는 농부를 보았

다. 독수리는 농부의 두건을 낚아챘고 농부는 독수리를 쫓아갔다. 그

때 농부가 앉아 있던 곳의 벽이 무너졌다. 농부는 독수리가 은혜를 갚

은 사실을 알고 감동했다.

감정에는 '주고받음'의 법칙이 적용된다. 내가 상대방에게 호의적인 감정으로 대하면 상대방도 호의적으로 대한다. 웃으며 인사하면 상대방도 웃음으로 답례하는 것과 같은 이치다. 호의적으로 베푼 선행은 서로 간에 마음의 장벽을 무너뜨린다. 그리고 베풂과 보답이 자연스럽게 오고갈 수 있는 통로를 만들어준다. 마치 막혀 있던 혈관이 뚫려서 혈액이 순환되고, 그 결과 몸이 건강하게 유지되는 것과 같다.

선행은 행동의 참뜻을 알고 있는 사람에게는 보람 있는 일이다. 그러나 이기적인 사람에게 선행이란 한낱 사치이자 낭비이기도 하다. "이에는 이, 눈에는 눈" "악행은 악행을 낳고, 선행은 선행을 낳는다"라는 말은 '뿌린 대로 거둔다'는 뜻이다.

선행을 해본 사람이 또 다른 선행을 한다. 평소에 선행을 경험해보지 못한 사람이라면 선행을 하고 싶어도 쑥스러워서 잘 못한다. 가식이라는 생각이 들어서 낯 뜨거운 느낌까지 든다. 그런데 낯간지러운 선행이라도 막상 시작해보면 익숙해진다. 게다가 선행의 의미를 알면 기쁨도 커진다.

우리 조상들은 '은혜를 모르는 사람은 금수보다 못하다'라고 했다. 은혜를 잊어서는 안 되고 어떤 일이 있어도 갚아야 하는 일이라 생각했다. 물질적으로 갚을 능력이 없다면 마음으로라도 갚는 것이 사람의 도리라고 가르쳤다. '죽은 뒤에라도 은혜를 잊지 않고 갚는다'는 뜻의 결초보은(結草報恩)이라는 말까지 생기지 않았겠는가.

돈벌이를 우선시하는 사람에게는 돈만 보일 것이다. 돈이 최고이고, 돈이 최선이라 여긴다. 도움이 필요한 사람은 눈에 들어오지 않는다. 베풀지 못하는 사람은 베풂을 받는 일도 익숙하지 않다. 베풀면 베푼 대로, 인색하면 돌아오는 것이 없다는 사실을 인정하지 않는다. 사랑을 보내면 사랑이 되돌아오고, 분노를 내던지면 분노가 되어 돌아오는 것이 세상의 이치다. 처음 그 모습대로 되돌아온다는 말이다.

우화에서 농부는 독수리의 처지가 딱해서 도와주었지만 그 사실을 기억하지는 않았다. 그런데 독수리는 농부에게 받은 은혜를 잊지 않고 갚았다. 결초보은의 자세로 농부의 주위를 맴돌다가 그의 목숨을 구해주었다.

곤란에 처한 사람에게 손을 내밀어본 적 있는가? 주위에 어려운 사람이 있는지 눈여겨본 적 있는가? 당신이 어려울 때 손을 내밀어준 사람이 누구인지 기억하고 있는가?

도울 힘이 있다면 도움의 손길을 내밀어라. 어려움에 처한 사람에게 따뜻한 손길을 내밀어보라. 당신의 도움을 받는 사람은 언젠가 당신이 어려울 때 구원의 손길을 내밀 것이다. 은혜에 보답한 당신에게 또 다른 은혜가 주어질 것이다.

타인을
모욕하지 마라

✦ 디오게네스와 대머리 남자

한 대머리 남자가 키니코스학파의 철학자 디오게네스를 모욕했다. 모욕을 당한 디오게네스는 이렇게 반박했다. "나는 모욕이라는 방법을 쓰지 않겠네! 반대로 그 못된 머리를 떠나버린 당신의 머리카락을 칭찬해주고 싶군!"

어린아이들은 대개 별명으로 친구 이름을 대신하기도 한다. 별명은 친구 사이에서만 만들어지는 것이 아니다. 가족이나 직장 동료 간에도 별명을 부르고, 때로는 자기 스스로 별명을 만들어 사용하기도 한다.

별명은 생김새, 버릇, 성격 등의 특징을 바탕으로 지어 부르는 이름이다. 그런 만큼 이름보다 강렬하게 기억에 남는다. 오랜만에 만난 친구의 이름은 생각이 안 나도 별명은 선명하게 떠오르는 것과 같다.

별명은 그 나름대로 기분을 좋게도 하지만 기분을 망치는 경우도 있다. 모르는 것이 없다는 뜻의 '만물박사'나 힘이 세다는 뜻의 '장사'가 긍정적인 별명의 예다. 이런 별명이라면 듣는 사람도 즐겁다. 그런데 말귀를 못 알아듣는다는 뜻의 '형광등'이나 앞뒤로 유난히 튀어나온 머리를 빗댄 '짱구'라는 별명은 어떨까? 듣는 사람의 입장에서는 상처가 될 수 있다.

별명을 부르는 입장에서는 "그깟 별명 하나에 마음이 상하느냐"고 쉽게 말할 수 있다. 그러나 듣는 입장에서는 다르다. 재미 삼아 던진 돌멩이에 개구리는 생명을 잃을 수 있다. 잘못 부른 별명 때문에 마음의 상처를 입히기도 한다.

"똥 묻은 개가 겨 묻은 개를 나무란다" "가랑잎이 솔잎더러 시끄럽다고 한다"를 보자. 똥 묻은 개가 나무라면 겨 묻은 개는 어떻게 답하겠는가? 시끄럽다고 하는 가랑잎에 솔잎은 어떻게 하겠는가? 이들의 심정을 대변하는 말이 있다. 소크라테스의 "너 자신을 알라"가 그렇다.

그들은 이 말을 들으면 무릎을 탁 칠지도 모른다. "네 눈의 들보는 보지 못하면서 형제의 눈에 있는 가시를 빼라고 하는가?" "비판 받고 싶지 않다면 비판하지 마라." 이는 모두 성경에 나오는 말이다. 자신의 모습은 어떤지 모르고 다른 사람의 결점만 찾는 사람, 자기 생각만 바른 것이라 여겨 다른 사람의 언행에 일일이 간섭하는 사람. 그런데 세상에 완벽한 사람은 없다. 그러니 누가 다른 사람을 비판하고 업신여길 수 있겠는가?

사람들 간에 상대적인 차이는 있다. 그러나 어느 누가 옳고 그른 것을 완벽하게 구별할 수 있겠는가? 신이 인간의 다툼을 보고 있으면 '도토리 키 재기 한다'며 웃지 않겠는가?

만일 당신을 이런저런 말로 모욕하는 사람이 있다면 그 말에 휘말리지 마라. 그저 무시하고 딴청을 부려도 괜찮다. 혼자 소리치다가 제풀에 지쳐 쓰러질 것이다. 마냥 당하고만 있어서도 안 된다. 당신을 수치스럽게 하려고 작정하며 달려드는 사람에게는 논개가 왜장의 목을 끌어안고 남강으로 뛰어들듯, 수치의 늪으로 끌고 들어가라. 예상치 못한 반격에 화들짝 놀라 뒤로 물러날 것이다.

당신을 비꼬거나 이상한 별명을 붙여서 수시로 괴롭힌다면, 당신도 그가 하는 말을 그대로 따라 해보라. 같이 비꼬고 이상한 별명을 만들어 똑같이 불러라. 만만한 상대가 아니란 걸 깨닫고 조심할 것이다. 다만 먼저 모욕이나 수치감을 주는 언행은 하지 말자. 언젠가 또 다른 모욕이나 수치로 당신에게 되돌아올 수 있기 때문이다.

모욕이란 말로만 하는 것이 아니다. 행동도 주의해야 한다. 형편이 어려운 친구 앞에서 거들먹거리지 마라. 다른 친구를 무시하지 마라. 다른 사람들과 어울리면서 한 명을 따돌리지 마라. 당신이 웃고 재미있게 지낼 때, 당신의 친구는 마음에 상처를 입을 것이다.

서로 다름을
인정하자

✦ 염소와 당나귀

한 사람이 염소 한 마리와 당나귀 한 마리를 기르고 있었다. 염소는
당나귀가 맛있는 먹이를 먹는 게 부러웠다. 그래서 당나귀에게 이렇
게 말했다. "무거운 짐을 지고 맷돌을 돌려야 하는 네 삶의 고통이 끝
이 없구나." 염소는 당나귀에게 병에 걸린 척하고 쓰러지면 쉴 수 있
을 거라 충고했다. 이 말을 들은 당나귀는 쓰러졌고, 이때 몸을 다쳤
다. 당나귀를 치료하려고 온 수의사는 염소의 허파를 달여 먹으면 나
을 거라고 했다. 결국 염소는 죽고 말았다.

"사촌이 땅을 사면 배가 아프다"라는 말을 한번쯤 들어봤을 것이다. 주변 사람에게 좋은 일이 생기면 보통 이런 갈등을 한다. 한쪽에서는 축하해주고 싶은 마음, 또 다른 쪽에서는 시기하는 마음이 소록소록 솟아나는 것이다.

우리는 상대적인 평가 속에서 자라왔다. 학교에서, 직장에서, 사회에서 이 세상을 마무리 지을 때까지 성적, 재산, 학력, 지위, 명예, 집안 등 여러 가지 잣대로 평가를 당한다.

평가 때문에 '먹고살 만한' 사람들도 만족하지 못한다. 더 많은 것을 가지려 발버둥 치고, 자신이 불행하다며 불평을 한다. 반면 궁핍하거나 장애가 있어서 아무것도 할 수 없는 처지에 있는 사람이 오히려 자기보다 더 어려운 사람도 있다며 '살아 있음' 그 자체에 감사하고 행복해하는 경우도 있다.

세상살이는 마음먹기에 달렸다고 한다. 그런데 마음먹은 대로 된다면 얼마나 좋을까? 산전수전 다 겪어본 사람, 누릴 것은 모두 누려본 사람들이 하는 말 아닐까? 사람들은 대개 사촌이 땅을 사면 배가 아프고, 이웃집 아들의 성적이 좋으면 자기 아들을 닦달한다. 서로를 비교하기 때문이다. 그래서 남의 손에 있는 떡이 더 커 보이고, 이웃집 잔디밭이 더 푸르게 보인다.

나는 열심히 일하고 있는데 이웃집 사람은 여유롭게 고급 외제차를 타고 다니며 노는 것 같다. 그래서 비위에 거슬린다. 이유가 무엇일까? 상대에 비해 자기가 부족해 보여서, 자존심에 상처를 입어서 그렇다. 결국 상처받은 자존심을 되찾기 위해 고군분투하지만, 약 오르게도 상대방은 더 빠르게 내달린다. 힘껏 달리지만 오히려 더 멀어지는 격차 때문에 추격의 의지는 꺾이고 좌절한다.

머리를 굴려서 여러 방법을 써보며 쫓아가지만 무용지물이다. 그제야 우화의 염소처럼 잔머리를 굴린다. 조언하는 척하면서 상대방을 골탕 먹이거나 불가능한 방법을 제시해 상대를 곤란에 빠뜨린다. 그런데 잔머리는 잔머리일 뿐이다. 잔머리 때문에 오히려 신용을 잃고 상대방이 피하는 처지가 된다.

자신의 이기심을 탓하는 것만이 능사일까? 남의 손에 있는 떡이 더 보인다고 해서 내 가치관에 문제가 있다고 생각할 일도 아니다. 부러움은 인간의 본성이기 때문이다. 다만 상대를 시기하거나 잔머리를 굴리지 말라는 뜻이다.

우화의 염소처럼 잘못된 생각 때문에 손해 보는 것만 아니라면 잔머리도 일종의 '촉진제'가 될 수 있다. 삶의 촉진제를 갖고 싶다면 각자 처한 현실과 역할이 다르다는 사실을 인정해야 한다. 그리고 나와 네가 서로 다른 존재임을 인정해야 한다. 그래야 내가 해야 할 일이 분명히 보인다.

모든 일은
이치대로 돌아간다

✦ 암사슴과 포도밭

사냥꾼에게 쫓기던 암사슴 한 마리가 포도나무 아래에 숨었다. 사냥꾼이 지나쳐 가자 암사슴은 완전히 몸을 숨긴 줄 알고 포도나무 잎을 뜯어먹기 시작했다. 그런데 사냥꾼은 잎이 움직이는 모습을 보고 되돌아왔고, 총을 쏴 암사슴을 죽였다. 암사슴은 죽어가면서 말했다. "나를 구해준 포도 잎에 해를 끼쳤으니, 이런 일을 당해도 싸지."

사람의 행위 중에서 아름다운 것이 있다. 바로 은혜를 갚는 '보은'이다. 반면에 추악한 행동이 있다. 바로 은혜를 저버리는 행위다. 집에서 길러진 개도 주인이 위기에 처하면 몸을 던져 주인을 구하기도 한다. 하물며 사람이 배은망덕한 일을 한다면 이것은 짐승보다 못함을 스스로 인정하는 행위가 아닐까?

심청은 공양미 300석에 자신의 몸을 팔아, 낳아주고 길러준 아버지의 눈을 뜨게 했다. 심청의 보은에 하늘이 감동했고, 한 나라의 왕비가 되어 아름다운 결실을 맺었다. 부모가 원하는 것을 해주지 않는다고 가출하는 자식들도 있다. 심지어 부모를 때려서 숨지게 하는 패륜아도 있다. 낳아주고 길러준 부모의 은혜를 저버리고 자신마저도 구렁텅이에 빠지는 배은망덕한 행위다.

우화에서 위기를 벗어난 암사슴은 현재 있는 곳이 자신을 살려준 피난처라는 사실을 잊었다. 그래서 아무 생각 없이 자신을 구해준 포도 잎을 먹어버렸다. 암사슴은 자기가 한 일이 위험에 빠지게 한다는 사실을 알아채지 못했다. 그리고 배은망덕한 일인지도 몰랐다. 모르고 한 일이지만 결과적으로 은혜를 저버리는 파렴치한 행위가 되었다. 결국 스스로를 파멸로 이끌었다.

인간은 철저히 '나'를 중심으로 판단하는 존재다. 그렇기에 자기가 저지른 행위는 실수라며 묻어두려 하지만, 다른 사람들의 잘못된 행위는 실수로 인정하지 않고 그에 상응하는 벌을 가하려고 한다. 나의 행위는 정의에 바탕을 둔 행위이고, 나와 상반된 생각으로 저지른 행위는 용서할 수 없는 불의라고 단정한다. 내가 가는 길은 바르고 정당한 길이며, 나의 갈 길을 막는 행위는 부당한 행위라고 질책한다. 나의 의견과 일치되는 사람에게는 합리적인 사람이라 하고, 나의 견해와 다른 사람은 불합리한 사람이라고 한다.

우리의 인생사는 사필귀정(事必歸正)이다. 모든 일은 결국 바른 이치대로 돌아가기 마련이다. 올바르지 못한 것은 효과를 보는 듯해도 오래가지 못한다. 결국 올바른 일에 무릎을 꿇는다. 만일 지금 배은망덕한 행동을 해서라도 어려운 상황에서 벗어나고 싶다면, 잠시 생각을 멈추자. 그리고 사필귀정의 의미를 생각해보자.

선행에는
보답이 따른다

✦ 개미와 비둘기

개미 한 마리가 목이 말라 샘에 내려갔다가 물에 휩쓸렸다. 이를 본 비둘기가 나뭇잎을 따서 개미에게 던져주었고, 개미는 그 위로 올라가 살았다. 얼마 뒤 사냥꾼이 비둘기를 잡으려고 그물을 들고 다가왔다. 개미가 이를 보고 사냥꾼의 발을 물었다. 사냥꾼은 비명을 지르며 그물을 떨어뜨렸고, 비둘기는 무사히 도망갈 수 있었다.

세상에는 '나만 잘되면 그만'이라는 극도의 이기주의가 곳곳에 존재한다. 심지어 남의 등을 밟고서라도 높이 올라가는 사람을 부러워한다. 길가에 쓰러져 신음하는 행인을 일으켜주지 않고 지나친다. 도와줄 용기가 없을뿐더러 나와는 상관없는 일이라고 생각하기 때문이다.

문제는 나는 도와주지 않으면서 다른 누군가가 나서줄 것을 기다린다는 것이다. 그래도 안 되면 사회가 문제라며 비판하고, 경찰이 할 일이라며 자리를 피한다. 이러한 분위기에서 누군가가 쓰러진 사람을 일으켜 세우면, 마치 천사가 나타난 것마냥 각종 매체에서 경쟁적으로 방송한다.

우화에서 비둘기가 떠내려가는 개미를 모른 척한 다음, 그 광경을 못 봤다고 변명하면 누가 비둘기를 비난하겠는가? 개미가 사냥꾼의 그물에 희생되는 비둘기를 보고서도 내 힘으로 어쩔 수 없었다고 말하면 누가 개미를 비난하겠는가?

이들은 변명거리가 있음에도 불구하고 이웃의 어려움을 모른 체하지 않았다. 자신의 일처럼, 가족의 일처럼 생각했고 위기를 목격한 즉시 행동으로 옮겼다. 도움이 필요한 바로 그 시간을 놓치지 않았다.

이 세상에는 남의 도움을 받지 않고 살 수 있는 독불장군은 없다. 남을 도와주지 못할 만큼 보잘것없는 사람도 없다. 부자는 부자대로 가난한 사람은 가난한 사람대로, 건강한 사람은 건강한 사람대로 장애인은 장애인대로, 권력자는 권력자대로 약자는 약자대로 도움을 받는 사람이 되기도 하고 도움을 주는 사람이 되기도 한다. "나는 누구의 도움도 받지 않고 살았다" "나는 어느 누구에게도 도움이 되지 않았다"라고 말할 사람이 있을까?

선행을 하는 사람은 언제 어디서나 떳떳하다. 번개가 내리쳐도 무섭지 않다. 한밤중에 누군가가 문을 두드려도 놀라지 않는다. 안락한 침대에 누워 두 다리 쭉 뻗고 달콤한 잠을 잔다.

선행은 사회를 아름답게 만들고 훈훈하게 한다. 선행은 미움이 만연한 곳에 사랑을 가져다준다. 선행은 사람들의 마음을 따뜻하게 해준다.

선행은 날짜를 정하고 하는 것이 아니다. 일상에서 어려운 사람을 보았을 때 도와주면 된다. 넘어진 사람에게 손을 내밀어 일으켜주면 된다. 선행은 간단한 일에서 시작되고, 언제 어디서나 할 수 있는 일이다.

선행이란 남에게만 하는 것이 아니다. 먼 길을 걸어서 아픈 자기 다리를 주무르는 것도 내 몸에 대한 선행이다. 스스로를 격려하며 즐거운 마음을 가지는 것도 내 영혼에 대한 선행이다. 자기 자신에게 선행을 베풀 수 있는 사람이 다른 사람에게도 선행을 베풀 수 있다.

만일 선행할 용기가 나지 않는다면, 먼저 자신에게 선행을 베풀어보라. 힘들 때 휴식을 취하고 슬플 때 울어보라. 나에게 하는 선행은 다른 사람을 도와주기 위한 연결고리가 된다.

서로 맞지 않는
억지 결합은 삼가라

✦ **쥐와 개구리**

땅에서 사는 쥐가 개구리와 친구가 되었다. 개구리는 쥐를 괴롭힐 의

도로 자기 다리에 쥐의 다리를 묶고서는 연못가로 갔다. 개구리는 쥐

를 연못 바닥으로 데리고 가서 물속에서 장난을 쳤다. 가엾은 쥐는 물

을 잔뜩 먹고 죽고 말았다. 그러자 개구리 다리에 묶여 있던 쥐가 물

위로 떠올랐다. 솔개 한 마리가 이를 보고 쥐를 낚아채자 개구리도 따

라 잡혔다. 결국 쥐와 개구리는 솔개의 저녁거리가 되었다.

가끔 돈 많은 사람이 전문직에 종사하는 사위를 얻고자 뚜쟁이한테 소개비를 지불하고 딸을 시집보냈다며 자랑하는 경우가 있다. 그런데 이렇게 해서 잘 사는 사람들도 있지만, 상대의 직업과 재산을 보고 결혼한 것이기에 결혼 생활이 삐걱거리기도 한다.

사랑하는 남자의 성공을 위해 뒷바라지했지만, 남자는 성공을 하더니 고생한 여자친구를 버리고 조건이 좋은 다른 여성을 찾아 떠난다. 버림받은 여자친구는 떠나간 남자를 원망한다. 뜨거웠던 사랑의 마음이 저주의 마음으로 변하기도 한다. 사실 그들은 가치관이 다른 사람끼리의 억지 결합이기에 깨진 것이다.

흔히들 '친구와는 동업하면 안 된다'라고 한다. 의기투합해서 시작하지만 평소에는 몰랐던 다른 면 때문에 힘들어지는 경우가 많기 때문이다. 역할이나 이윤 분배 문제로 다투는 경우도 많다. 결국 친구가 원수로 바뀌는 경우도 있다.

물론 동업을 해도 별문제 없이 지내는 사람들이 있다. 그들은 '어떻게 하면 많은 이윤을 취할 수 있을지' 골몰하고, 이익 분배를 처음에 약속한 대로 나누기로 했던 사람들이다. 이와 달리 동업을 해서 문제가 생기는 사람들은 '어떻게 하면 내가 더 많이 가질 수 있는지'에 집중한다. 그러다 보니 사업은 뒷전이고, 상대를 감시하거나 질시하는 데 치중해 실패에 이르고 만다.

수영선수와 야구선수처럼 서로 활동하는 무대가 다르면 싸울 여지도 없다. 먹이가 달라도 싸울 일이 없다. 그런데 생쥐와 개구리처럼 활동 무대와 먹이가 달라도 함께 생활할 때는 그 양상이 달라진다. 함께 생활하면 부딪히기 마련이다. 그러니 함께 생활하면서 상대의 문화를 이해하지 못하면 서로의 행동을 오해한다.

옛사람들은 상대방 얼굴도 모르고 부모가 선택해준 사람과 결혼했다. 그저 운명이라 받아들였고 잘못된 인연이라 생각하지 않았다며, 행복한 삶을 살았다고 말하는 사람들도 많다. 부부는 서로 배려하고 인내해야 행복한 결혼생활을 할 수 있다. 동업자는 투명하게 사업 내역을 공개하고, 의견이 다를 때 서로가 이야기하고 납득할 만한 결정을 내리면 성공할 수 있다. 이는 배경이 다르고 생각이 다른 사람들도 충분히 화합할 수 있다는 뜻이다.

주위를 둘러보면 생각이 비슷한 사람들은 얼마든지 있다. 그들을 외면하고 굳이 개구리와 생쥐처럼 생각이 다른 사람들끼리 결합할 필요가 있을까? 생각이 비슷한 사람들끼리도 화합하기 힘든데, 잠시 서로 끌린다는 이유로 손발을 묶고 생활하는 게 얼마나 오래 가겠는가? 서로 맞지 않는 것을 맞추려고 시간을 허비하며 인생을 힘들게 보낼 필요는 없다. 시간이 다소 걸리더라도 지향하는 바가 같은 사람을 만나는 것이 현명하다.

상대가 밉다고 상대를 완전히 무력화한다면 당신은 잘될까? 상대는 힘을 잃고 그저 주저앉아 있을 것이라고 생각하는가? 당신이 그 상대라면 가만히 앉아 당하고만 있을 것인가? 하늘이 악행을 저지른 사람을 가만히 둘 것이라고 생각하는가?

시간은 되돌아오지 않는다. 그러므로 돌이킬 수 없는 사건은 만들지 마라. 인연을 맺고 싶다면 서로 맞을 인연인지 살펴보고, 아니라면 억지 결합은 삼가라.

둘러보면
새로운 문이 보인다

✦ **말벌과 뱀**

어느 날 말벌 한 마리가 뱀의 머리에 앉았다. 그러더니 쉴 새 없이 뱀

을 침으로 찌르면서 괴롭혔다. 뱀은 복수를 할 도리가 없자 마차 바퀴

밑에 머리를 집어넣었다. 결국 말벌은 뱀과 함께 죽고 말았다.

한나라의 유방은 조나라와의 싸움에서 휘하 장수 한신에게 "병
사들이 강을 등지고 진을 치게 하라"고 명령했다. 더 이상 뒤로 물
러설 수 없었던 한나라의 병사들은 죽음을 각오하고 조나라 병사
들과 싸웠다. 그 결과 10배나 많은 조나라 군사들을 상대로 승리

를 거두었다.

퇴로가 막히면 뒤로 물러설 수 없다. 이때 살 수 있는 방법은 오직 정면 돌파뿐이다. 정면 돌파는 등을 보이는 것이 아니라 적극적으로 공격을 퍼붓는 것이다. 퇴로가 없는 싸움은 후일을 기약할 수 없는 싸움이다. 지금 이기지 못하면 죽음만 있을 뿐이다. 그러니 이러한 상황에서는 이기는 것이 최선이다. 죽음의 상황에서는 상대를 속이거나 '너 죽고 나 죽자' 식의 이판사판이 정당화되기도 한다.

『손자병법』을 보자. 궁지에 몰리면 쥐도 고양이를 공격하듯, 퇴로가 봉쇄된 상대는 사생결단으로 덤벼든다. 그래서 아군이 피해를 입는다. 이때는 역으로 퇴로를 조금만 열어주라고 한다. 열린 틈으로 도망가기에 바쁜 적군은 전투 의지가 사라져서 오합지졸이 되고 적수가 못 된다.

아무리 만만한 친구라도 변명할 길을 틀어막고서는 공격하지 마라. 함께 죽기로 각오한 상대가 아니라면 도망갈 기회를 주어라. 유리한 위치에 있어도 '죽자고' 덤비는 사람과는 싸움을 피하라. 주저앉아 죽음을 맞이하기보다 사생결단의 자세로 덤벼드는 상대라면 퇴로의 길을 터주어라.

잊으려 할수록 생생하게 떠오르는 억울한 일이 있는가? 눈만 감으면 죽이고 싶을 만큼 미운 사람이 있는가? 뿌리칠수록 오히려 달라붙는 사람이 있는가? 생각할수록 눈덩이처럼 커지기만 하는 고민이 있을지언정, 해결책이 안 보이는 미움이 생기더라도 '너 죽고 나 죽자' 식의 방법은 선택하지 마라.

공격을 당하면 그 이유를 생각해보라. 내가 만만한 상대라고 생각할 빌미를 주지는 않았는지 살펴보라. 내가 상대가 필요로 하는 것을 움켜쥐고 있는지 둘러보라. 의외의 해결책이 나올 수도 있다. 말벌이 머리를 쏘며 괴롭힐 때, 물속으로 뛰어들거나 거미줄로 장소를 옮겼다면 다른 결과가 일어나지 않았겠는가?

세상에는 하나의 길만 있는 것이 아니다. 세상으로 나가는 문은 한 가지만 있는 것이 아니다. 한 가지 문제에 빠지면 또 다른 문이 보이지 않는다. 그러니 둘러보라. 열려 있는 새로운 문이 보일 것이다.

상대에게
나만의 필살기를 적용하라

✦ **솔개와 뱀**

솔개 한 마리가 뱀을 잡아 하늘로 날아올랐다. 뱀은 몸을 돌려 솔개
를 물었고, 솔개는 하늘에서 떨어져 죽었다. 뱀이 솔개에게 말했다.
"너한테 아무 짓도 안 한 나에게 왜 그런 짓을 했지? 너는 벌을 받아
마땅해."

싸움은 일종의 제압의 기술이다. 제압을 하려면 우월한 힘이 필
요하다. 우월한 힘을 발휘하려면 우월한 생각이 있어야 한다. 하
지만 우월한 힘을 가진 자만이 언제나 상대를 제압하는 것은 아니

다. 우월한 생각이 있다면 약자라도 강자를 제압할 수 있다. 다윗은 누구도 상대할 수 없었던 골리앗의 약점을 발견했다. 그러고는 돌팔매질로 골리앗의 이마를 맞춰 쓰러뜨렸다. 상대의 허점을 찔러 단숨에 제압한 것이다.

싸움의 요체는 신속하게 이기는 데 있다. 그러니 오랫동안 싸우는 것은 좋지 않다. 장기전에서 이겼다고 하더라도 회복할 수 없는 상처를 입는다. 싸움의 고수는 어설프게 행동하지 않는다. 공격하기 전에 상대를 쓰러뜨릴 만한 일격의 수를 찾는다.

우화에서 솔개는 뱀이 그저 당하고 있을 거라 생각했을까? 뱀의 성향을 알고서도 배가 고파 이성을 잃은 것일까? 솔개는 뱀의 머리를 깨물어 치명타를 입힌 후에 둥지로 갔어야 했다.

『손자병법』에서는 "공격을 할 때 상대의 송곳니를 뽑아 놓고 싸우라"고 한다. 상대가 대항할 수 없도록 완전히 제압하라는 뜻이다. 세상에는 저항 한번 해보지 못하고 억울한 일을 당하는 사람들이 있다. 발버둥을 쳐도 소용없다며 포기한 채 살아가는 사람들이 있다. 굼벵이도 밟히면 꿈틀거린다. 그러니 그 어떤 것과도 바꿀 수 없는 목숨을 노리는데 가만히 있을 것인가?

핍박을 받는다고 무조건 항복할 것은 아니다. 달려드는 상대를 대항할 수 없는 존재로만 볼 것이 아니다. 한번이라도 맞서 으르렁거릴 필요가 있다. 예상치 않은 저항에 상대도 멈칫할 것이다.

솔개를 떨어뜨린 뱀처럼 상대에게 나만의 필살기를 적용해보

자. 그리고 명심하라. 아무리 약해 보이는 사람일지라도 나름의 필 살기는 있다는 사실을 말이다. 이를 도외시하고는 어설픈 공격은 시도하지 마라.

제5장

타인과
공존하는 삶

호의도 받아들일 줄
알아야 한다

✦ 제우스와 거북

제우스는 결혼 축하연에 모든 동물들을 초대했다. 그런데 거북만 오지 않았다. 다음 날, 이를 의아하게 여긴 제우스가 거북에게 물었다. "왜 너만 향연에 오지 않았느냐?" 그러자 거북이 대답했다. "우리 집이 최고이니까요." 화가 난 제우스는 거북이 어디를 가든 등에 집을 지게끔 만들었다.

"젊어 보입니다"라는 인사를 받으면 "그렇게 봐주시니 고맙습니다"라고 대답하는 사람이 있는가 하면, "에이, 젊긴 뭐가 젊어요.

폭삭 늙었는데"라며 부정하는 사람도 있다. 선물을 받고서는 "갖고 싶었던 것이에요"라며 고마운 마음을 표현하는 사람이 있는가 하면, "별 쓸모도 없는 걸 사느라 돈을 낭비했네요"라며 핀잔을 주는 사람도 있다. 동일한 호의인데 긍정적으로 반응하는 사람이 있는가 하면 부정적으로 표현하는 사람들이 있다.

긍정적으로 반응하는 사람들은 대개 호의를 베푸는 일에 능숙하다. 반면 부정적으로 반응하는 사람들은 호의를 베푸는 일에 익숙하지 않다. "고기도 먹어본 사람이 잘 먹는다"라는 말처럼 베풀기를 잘하는 사람이 호의도 잘 받아들인다.

사람들과 만나기보다는 혼자 생활하는 것을 즐기는 사람들이 있다. 그들은 대개 혼자 있을 때 편안해하고 여러 사람과 어울리는 것을 불편해한다. 혼자일지언정 재미있게 살 수 있다면 얼마나 좋을까? 그런데 세상은 구조적으로 혼자 살기 힘든 곳이다.

우리는 가족관계 안에서 성장하고 이웃과 더불어 생활한다. 어느 날 하늘에서 뚝 떨어진 것이 아니란 말이다. 관계 속에서 태어났기에 아무리 독야청청하려 해도 불가능하다. 두문불출하고 세상과 인연을 끊어버린다면 모르겠지만, '먹고살려면' 자연이 베푸는 호의를 적극적으로 받아들이며 세상과 어울릴 수밖에 없다.

내가 베푼 호의를 상대가 묵살한다면 어떤 기분일까? 상대의 호의를 내가 묵살했다면 상대방의 마음은 어떻겠는가? 우화에서 거북은 제우스의 초청에 말없이 참가하지 않았다. 게다가 그 이유를 묻는 제우스에게 "집보다 더 좋은 것이 어디 있느냐"며 호의를 무시했다.

그런데 거북이 참석하지 못할 이유를 미리 말했다면 어땠을까? 제우스가 물었을 때 다른 방식으로 대답했다면 거북에게 무거운 짐을 지게 했을까? 바쁘고 복잡한 일상이지만 누군가 나에게 호의를 베풀면 잠깐이라도 고마움을 표하길 바란다. 상대의 호의를 긍정적으로 수용하고 나 역시 호의를 베푼다면, 우호적인 관계가 만들어질 것이다.

수고를 칭찬할 줄
알아야 한다

✦ 제우스와 프로메테우스와 아테나와 모모스

하루는 올림포스의 신들이 '비판의 신'인 모모스를 불러 심판을 보도록 했다. 제우스는 황소를 만들고, 프로메테우스는 사람을 만들고, 아테나는 집을 만들었다.

신 셋이 한 일을 질투한 모모스는 먼저 제우스가 황소의 뿔에 눈을 달지 않아 어디에 부딪힐지 모르게 한 것은 큰 실수라고 말했다. 프로메테우스에게는 악의를 감추지 않고 누구나 마음속을 볼 수 있게끔 사람의 마음을 밖에 달지 않은 것이 잘못이라고 했다. 아테나에게는 나쁜 사람이 옆집으로 온다면 쉽게 이사 갈 수 있도록 집에 바퀴를 달아

아기가 걸음마를 시작할 때를 생각해보자. 어른들은 아기가 발을 떼는 모습을 보고는 손뼉을 치며 칭찬한다. 칭찬을 들은 아기는 한 걸음 더 내딛고, 넘어지더라도 다시 일어나 웃음 짓는다. 이 모습을 본 어른들 역시 함께 웃는다. 만일 아기가 넘어졌다가 일어나는 모습을 보고 칭찬 대신에 꾸짖는다면 아기는 어떻게 할까? 실수하면 큰일이 나는 줄 알고 더 이상 시도하지 않을 수 있다.

칭찬은 수고를 인정받는 일이다. 사람들은 '나의 수고는 칭찬받아야 마땅하다'라고 생각한다. 그런데 다른 사람들의 수고는 '마땅히 할 일'이라 여기며 칭찬에 인색하다. 수고보다 잘못된 것을 먼저 보려는 마음 때문이다.

칭찬을 받으면 내 마음이 기쁜 것처럼 상대방도 기쁘다. 칭찬은 마음을 들뜨게 하고 휘파람이 나오게끔 한다. 나에게 칭찬을 받으려고 하는 사람은 나를 좋아하는 사람이다. 나에게 인정받기를 원하는 사람이다. 칭찬을 원하는 사람에게는 칭찬을 해보자. 가끔씩 기대 이상의 칭찬도 해보자. 칭찬을 받은 사람은 등에서 날개가 돋아나는 것처럼 하늘을 나는 기분이 들 정도다.

누구에게든 칭찬할 점이 한두 가지는 있다. 그러니 작은 일 하나라도 찾아내서 칭찬해보라. 칭찬을 받기 위해 더 노력할 것이다. 사랑하지 않는 사람일지라도 칭찬해보라. 그러면 사랑할 마음이 생길 것이다. 친구에게도 칭찬해보라. 적군도 아군으로 바뀔 것이다.

칭찬은 돈이 들지 않는다. 몇 마디의 말과 간단한 행동으로도 충분하다. "말 한마디에 천 냥 빚도 갚는다"라는 속담처럼 칭찬 한마디로 관계를 개선해보라. "잘했다"라는 소리가 들리도록 칭찬하라. "수고했다"라고 말하며 등을 두드려라. "멋지다"라고 소리치며 박수를 쳐보라.

칭찬에도 적합한 방법이 있다. 먼저 구체적으로 칭찬해야 한다. 그래야 왜 칭찬을 받는지 알 수 있다. 때에 맞는 칭찬을 해야 한다. 시간이 지난 다음에는 칭찬의 효과가 없다. 긍정적인 부분을 칭찬하며 발전 가능성을 자극한다. 그리고 간결하게 칭찬해야 한다. 지루한 칭찬은 그저 지겨울 뿐이다. 상대방이 몰랐던 점을 찾아서 칭찬하면 상대는 마치 복권에 당첨된 기분을 느낄 것이다.

스스로를 칭찬해보라. 칭찬거리가 눈에 보이기 시작할 것이다. 그렇다고 무작정 칭찬하는 것은 삼가라. 과장된 칭찬은 오히려 진정성에 문제가 생기기 때문이다. 아부가 담긴 칭찬을 하면 상대는 당신을 깔볼 수 있다. 입에 발린 칭찬은 가벼운 사람이라는 취급을 당할 수 있다. 거짓 칭찬은 상대의 마음을 상하게 한다. 마치 보물찾기를 하듯이 칭찬할 것을 찾아보라. 칭찬할 점이 도처에서 보일 것이다.

인맥은
저절로 엮어지는 것이 아니다

✦ **병든 까마귀**

병든 까마귀가 옆에서 울고 있는 어미 까마귀에게 말했다. "엄마, 그만 울고 신에게 제가 낫기를 기도해주세요." 그러자 어미 까마귀가 대답했다. "아가, 어떤 신이 너를 가엾게 생각할까? 네가 제단에서 고기를 훔쳐 먹지 않은 신이 있느냐?"

다급한 일이 생겨서 누군가의 도움이 필요할 때가 있다. 그런데 생각나는 사람이 한 명도 없다면 어떨까? 부모형제는 멀리 떨어져 있어서 당장 도움을 받을 수 없다. 평소에 이웃과 친해지려고 하지 않았고 옆집 사람과 말해본 적도 없다면? 친구들과 연락을 끊은 지 몇 해나 지났고, 동창회에 참가한 적도 없다면? 평소에 연락하거나 만나는 사람들이 없기에 그저 발만 동동 구를 뿐 아무 생각도 안 날 것이다. 그동안 인맥을 중요하게 여기지 않았거나 관심 없었기 때문이다.

인맥은 보통 혈연, 지연, 학연 등으로 엮인 사람들의 유대 관계를 의미한다. 세상의 일이 모두 그러하듯, 인맥이란 저절로 엮어지는 것이 아니다. 노력과 정성을 쏟을 때 구축된다. 이때 노력과 정성이란 필요에 의한 것이 아니라 마음에서 우러나와야 한다. 필요할 때는 정성을 쏟지만 도움이 되어야 할 때 외면한다면 이는 선한 인맥이 아니다.

인맥이란 어느 날 갑자기 돈을 쏟아붓는다고 맺어지는 것도 아니다. 평소에 작은 돈이라도 서로 보태며 기쁨과 슬픔을 나눠가질 때 연결된다. 순간을 모면하기 위해 부정한 방법으로 연결하는 인맥은 썩은 동아줄이다.

선한 인맥을 쌓으려면 어떻게 해야 할까? 첫째, 가까운 곳에서 시작해보자. 가까이 있으면 만나기도 쉽고 서로 어떤 형편인지 쉽게 알 수 있다. 함께 일하는 동료나 거래처 직원 등 일상생활에서 밀접한 관계가 있는 사람부터 시작해보자. 멀리 있는 사람들과 인맥을 쌓느라 가까이 있는 사람들을 잃으면 무슨 소용이 있겠는가?

둘째, 단체를 활용해보자. 교회를 다니거나 동호회에 가입해서

활동하는 것도 좋다. 의외로 일과 사업 면에서 도움될 만한 사람들을 만날 수 있다. 그리고 목적이 같은 사람들이므로 허심탄회하게 마음을 나누며 친밀한 관계가 될 수 있다.

셋째, 경조사를 챙기자. 결혼식, 생일 등 기쁜 일에는 축하를 하고, 장례식처럼 슬픈 일에는 마음을 다해 위로하라. 의례적으로 대하는 것이 아니다. 참석하지 못한다면 연락이라도 해서 관심을 표하는 것이 좋다. 그저 마음속으로만 축하하거나 슬퍼하는 것은 아무 소용이 없다. 상대가 알 수 없으니 말이다.

넷째, 친해지고 싶은 사람과 있을 때는 마치 '이 세상에 단 둘만 있는 것처럼' 행동하자. 그저 많은 사람들 중의 한 명으로 대하지 말라는 의미다. 누구든 주인공이 되고 싶어 한다. 그러니 상대방도 주인공이고 싶어 한다는 생각을 기억하라. 상대의 말에 적극적으로 귀를 기울이고 호응하는 태도가 필요하다.

다섯째, 만나고 싶은 사람이 되자. 함께 있으면 불편한 사람이 있다. 그래서 헤어질 때는 속이 시원할 정도다. 두 번 만날까 봐 두려워할 때도 있다. 이와 달리 함께 있는 것만으로도 좋은 사람이 있다. 자기를 드러내지 않고 내 말에 귀 기울이는 사람, 세상이 돌아가는 일을 상냥하게 알려주듯 편히 쉴 수 있는 벤치 같은 사람이 좋다.

선한 인맥을 쌓을 때 삼가야 할 3가지가 있다. 첫째, 앞뒤가 다른 언행을 삼가자. 면전에서는 간을 빼줄 듯이 행동하고는 뒤돌아서서 비난하지 마라. 둘째, 거짓 증언을 하지 마라. 허위 사실을 말하거나 이야기를 지어내는 행위를 삼가야 한다. 셋째, 상대의 업적을 가로채지 마라. 내가 일을 기획하고 뒤에서 밀어줬기에 성공했다며 친구를 무시하는 행동은 금해야 한다.

우화에서 까마귀는 제 나름대로 신들과 교제했지만, 신들의 마음을 불편하게 했다. 신들의 미움을 사는 행동일 뿐이었다. 만약 까마귀가 도움을 청했더라면 신들은 오히려 고소하다고 여겼을 것이다.

우리는 언제, 어디에서, 누구에게 도움을 받아야 할지 잘 모른다. 누구를 도와야 할지도 잘 모른다. 그만큼 일상에서 도움을 주고받을 수 있으려면 평소에 선한 인맥을 구축해둬야 한다.

잘못된 논쟁은
중지해야 한다

✦ 족제비와 줄

족제비 한 마리가 대장간에 몰래 들어갔다. 그러고는 '배를 채울 만한 게 없을까' 하며 둘러본 다음, 줄칼을 핥기 시작했다. 혀로 줄칼을 핥았더니 피범벅이 되고 말았다. 그런데 족제비는 줄칼을 먹어치우고 있다고 생각해 계속해서 줄칼을 핥았다. 족제비는 결국 혀를 잃고 말았다.

가끔 당론이 다른 정치인들이 TV에 출연해 하나의 토론 주제를 두고 주장을 굽히지 않는 모습을 볼 때가 있다. 토론을 지켜보는 시청자도 두 편으로 나뉘어 자신이 지지하는 정치인의 발언에 정당성을 부여한다. 반면 상대방의 주장은 일고의 가치도 없다며 무시해버린다.

TV 토론에 참여하는 사람들의 지적 수준이나 사회 지위를 보면 그들의 고집이 이해되지 않는다. 그런데 이들은 당론을 따른다는 목적 때문인지, 옳고 그름을 문제 삼지 않는 듯하다. 그저 상식을 무시하는 고집쟁이 같다.

한번 내뱉은 말을 주워 담을 수 있을까? 설사 취소한다고 해도 들은 사람의 뇌에서 쉽게 사라지지 않는다. 말로 입은 상처는 육체의 상처보다 치유하기가 어렵다고 한다. 기억을 상실하기 전에는 상처받은 한 마디의 말이 잊히지 않기 때문이다. 이를 알고 있음에도 사람들은 상대방 가슴에 못 박는 말을 서슴지 않는다. 자신의 잘못은 인정하지 않고 상대의 발언에 딴지를 걸며 치명타를 날리려 애만 쓸 뿐이다.

때로는 울분을 이기지 못해 논쟁에 뛰어들거나 타의에 의해 논쟁에 빠질 수 있다. 이러한 논쟁이 옳은 의견은 수용하고 잘못된 의견은 거둬들이는 계기가 된다면 치열한 논쟁은 필요한 것이다. 그러나 의미 없는 논쟁, 부가가치를 떨어뜨리는 논쟁, 상처뿐인 논쟁, 주제를 망치는 논쟁, 논쟁을 위한 논쟁, 한 치의 양보도 없는 논쟁은 백해무익하다.

논쟁에는 크게 6가지 유형이 있다. 첫째, 자기과시형이다. 자기가 똑똑한 사람이라는 것을 보여주기 위한 유형이다. 이들은 자신이 알고 있는 모든 상식을 총동원한다. 논쟁과는 상관없는 역사, 경제, 정치 등 여러 가지 분야의 지식을 내세운다. 상대를 '반박할 실력이 없을 것이다'라며 무시하고는 말할 기회조차 주지 않는다.

둘째, 꼬투리형이다. 사사건건 상대의 의견을 꼬투리 잡고 따진다. 말끝마다 '안 되는 이유'를 말하는 피곤한 논쟁이다. 꼬투리형은 상대가 실수하기만을 기다린다. 말 한마디를 잡고 늘어져 흠집을 들추는 데 집중한다. 아무리 좋은 의견이라도 꼬투리를 잡아서 의욕을 꺾고 심사를 뒤틀리게 만든다.

셋째, 책임 전가형이다. 자기 책임을 다른 사람에게 떠넘기는 유형이다. 자기는 잘못한 것이 없고 모두 상대편 잘못이라고 주장한다. 이들은 억지 주장도 마다하지 않는다.

넷째, 반론 즐김형이다. 반론 자체를 즐기기 위해 상대방 의견을 반대하는 유형이다. 반론을 들은 상대방이 난처해하거나 당황하는 것을 즐긴다. 일단 반론을 던져보고 먹히지 않으면 다른 것을 내놓는다. 상대의 의견이 맞고 틀리는 것은 개의치 않는다. 청개구리처럼 '이렇게 말하면 저렇게 대답하고, 맞다 하면 틀렸다 말해서' 상대방을 지치게 한다.

다섯째, 막무가내형이다. 이들에게 융통성이란 없다. 상대를 배려하지 않는다. 그저 자기 주장만 펼치고 다른 사람들의 발언은 무시한다. 이러한 사람이 있다면 회의는 결론 없이 허무하게 끝나고 만다.

마지막으로 논쟁기피형이다. 아마도 대다수가 이 유형에 속할지 모른다. 이 유형은 나도 모르게 논쟁에 뛰어들 수 있다. 그러니 주의할 점을 미리 알아두는 것도 좋다.

논쟁의 당사자가 되고 싶지 않은가? 그렇다면 독불장군 식의 행동은 삼가라. 만약 내가 상대의 말에 꼬투리를 잡는 성격이라면, 먼저 자기 의견을 제시하라. 또한 가까운 사람일수록 함부로 말하지 마라. 상대방이 틀렸다는 것을 끝까지 증명하려 들지 마라. 우화의 족제비처럼 끊임없이 줄칼을 핥다가 혓바닥만 잃고 말 것이다. 논쟁이란 이겨도 지는 '밑지는 장사'임을 명심하자. 그리고 논쟁의 현장이라고 판단되면 일단 그곳에서 빠져나오는 것이 현명하다.

괴롭히지 말고
스스로 하게끔 하라

✦ **북풍과 태양**

북풍과 태양이 서로 힘겨루기를 했다. 그들은 한 나그네의 옷을 벗기는 쪽이 이기는 것으로 정했다. 북풍은 먼저 거센 바람을 일으켰다. 그러자 나그네가 옷을 단단히 여몄다. 북풍은 아랑곳하지 않고 더 세게 공격했다. 바람이 불자 나그네는 옷을 더 껴입었다. 이윽고 태양 차례가 되었다. 태양은 빛을 적당하게 비추었다. 그러자 남자는 껴입었던 옷을 벗었다. 태양이 더 강하게 빛을 내리쬐자 남자는 더위를 참을 수 없어 강가로 가서 목욕을 하려고 옷을 모두 벗었다.

옳고 그름을 판단하기 쉬운 방법이 있다. 바로 이분법이다. 선과 악, 빛과 어둠, 앞과 뒤, 흑과 백, 사랑과 미움으로 나누는 것처럼 오직 2가지 중 하나로 몰아가게 하는 것이다.

그런데 문제는 2가지로만 나눌 수 없다는 사실이다. 선과 악 사이에 선도 아니고 악도 아닌, 그 무언가가 있다. 빛과 어둠이 결합된 그림자도 있다. 앞뒤만 있는 것이 아니라 위와 아래도 있고 옆도 있으며, 그 너머에 또 다른 것이 있다. 흑과 백 이외에 무지개 색깔도 있다. 사랑과 미움만 있는 것도 아니다. 사랑도 미움도 아닌 무관심이 있다.

우화를 조금 다른 방식으로 읽어보자. 북풍과 태양은 나그네의 옷 벗기기 내기를 벌였다. 그 결과 태양이 이겼다. 그런데 나그네는 즐거워서 옷을 벗었을까, 아니면 견디기 힘들어서 벗었을까? 나그네가 옷을 다 벗고 물속으로 뛰어든 것은 더위 때문이 아니었을까? 나그네가 새로 산 밍크코트를 입고 사람들에게 자랑하러 가는 길이라면, 푹푹 찌는 더위가 얼마나 원망스러울까?

일하느라 땀이 흐르면 옷을 벗고 시원한 바람을 맞는다. 멋진 공연을 보던 관객들이 감동해 입던 옷까지 벗어 던진다. 경기에서 우승한 선수가 감격에 벅차 옷을 벗어 던진다. 이렇게 감동하고 육체도 호응해서 벗어버리는 옷일 때야말로 시원하다.

땡볕을 견디기 어려워서 옷을 벗는 일과 차가운 바람 때문에 옷이 벗겨지지 않으려고 애쓰는 일. 나그네한테는 둘 다 고통스러운 것 아닐까? 북풍이 힘을 다해 나그네를 몰아붙이니, 나그네도 힘을 다해 방어하기에 바빴다. 적당히 바람을 보냈다면 태양 못지 않은 성과를 거둬들이지 않았을까? 북풍은 나그네의 옷을 벗기기에는 실패했으나 나그네의 몸을 감싸며 그와 교감했을 수는 있었다. 태양도 따뜻함으로 나그네의 옷을 벗겼다고 자랑할 일은 아니다. 만일 태양이 나그네에게 조금 더 가까이 갔다면 어떤 일이 벌어졌을까? 나그네는 흔적도 없이 타버렸을 것이다.

사람들은 태양이 내리쬐는 여름이면 해수욕장을 찾는다. 피서지의 상인들에게는 더위가 고마운 존재다. 북풍이 몰아치는 한겨울에 사람들은 스키장을 찾는다. 스키장을 운영하는 사람들에게 추위는 그들을 먹고살게 하는 구세주다.

태양이건 북풍이건, 자기들의 능력을 자랑하기 위해 나그네를 괴롭힌 것은 아닌지 생각해볼 일이다. 북풍과 태양은 경쟁하느라 나그네의 길을 방해했다. 누가 이기고 누가 졌는지 이분법적으로 판단할 수 있을까? 그리고 판단은 누가 하는 것일까? 나그네라면 누구의 손을 들어주었을까?

북풍과 태양은 나그네를 시험할 것이 아니라, 나그네가 힘들이지 않고 길을 갈 수 있게 도와줘야 했다. 힘없는 나그네의 옷을 벗기기 위해 북풍과 태양이 경쟁한다면 나그네는 얼마나 공포스러웠을까?

권력이 있는 사람들이 경쟁적으로 힘없는 사람들을 시험한다면, 그것이 뜨거움이든 차가움이든 무슨 소용이 있겠는가? 북풍이 뒤에서 밀어주고 태양이 잔잔히 햇살을 비추었다면, 나그네는 셔츠를 벗어들고 휘파람을 불며 여행을 즐기지 않았을까?

배려도
훈련이 필요하다

✦ 말과 당나귀

말 한 마리와 당나귀 한 마리를 둔 주인이 있었다. 하루는 길을 가던 중에 지친 당나귀가 애원했다. "내 목숨을 아낀다면 내 짐을 조금만 들어줘요." 그러나 말은 못 들은 체했고 당나귀는 쓰러져 죽고 말았다. 주인은 말에게 모든 짐을 싣고 당나귀 가죽까지 올렸다. 말은 한숨을 쉬며 이렇게 말했다. "아! 나는 정말 운도 없지. 가벼운 짐을 나눠지기 싫어하다가 모든 짐을 지게 되었네. 게다가 당나귀 가죽까지 말이야."

사려 깊은 경영자란 어떤 사람일까? 체력이 좋은 직원과 아이디어가 풍부한 직원, 혼자서 일하기를 좋아하는 직원과 함께 일할 때 능력을 발휘하는 직원, 일이 밀려 있는 직원과 한가한 직원이 누군지 파악하며 상황에 따라 업무를 조정해 최적의 환경을 만드는 사람일 것이다. 그런데 실적만 중시하는 경영자는 대개 직원들을 신경 쓰지 않는다. 그저 직원은 아랫사람이고 시키는 일이나 잘하면 된다고 여긴다.

동료보다 우수한 사람들도 있다. 이들은 주어진 업무를 제때 처리해 경영자를 만족시킨다. 눈치도 빨라서 상사의 생각을 재빠르게 간파해 일을 처리한다. 윗사람에게 인정받으며 조직생활을 잘하는 사람들이다.

요령은 없지만 묵묵히 일하는 사람도 있다. 자기 능력에 못 미치는 일도 거절하지 못하는 사람들이다. 이들은 몸이 아파도 출근하고 문제가 생겨도 도움을 청하지 않는다. 운이 좋으면 무던한 사람으로 인정받지만 결국에는 견디지 못해 도태된다.

우화에서 말은 당나귀가 힘들어하는 것을 몰랐을까? 곁에서 함께 걸어갔는데도 당나귀의 거친 숨소리를 못 들었을까? 만약 알고 있었다면 왜 도와주지 않았을까? 왜 당나귀는 처음부터 무리하게 짐을 진 걸까? 각자의 이야기를 한번 들어보자.

"나도 괴롭고 힘들었어. 내 짐을 짊어지고 가는 일도 고역이었지. 내 입장에서 당나귀 부탁이 귀에 들어오겠어? 당나귀는 예전에도 자주 쓰러졌어. 가끔 내가 도와주기는 했지만 그때마다 주인이 회초리로 때리며 당나귀를 일으켜 세웠지. 이런 일이 다반사여서 이번에도 그런 줄 알았어. 설마 쓰러져 죽을 줄은 몰랐지. 당나귀야, 너는 짐을 질 때 쓰러질 걸 몰랐니? 힘들어서 주저앉으면 내가 도와줄 거라 믿었니? 처음에 짐을 질 때 왜 쓰러지지 않고 버텼니?"

이 질문에 당나귀가 말했다. "짐이 무거워서 주저앉을 때마다 주인은 회초리를 휘둘렀어. 나는 두려웠지. 그래서 힘에 겨워도 아무 소리도 못 하고 참았어. 저항해봤자 돌아오는 건 회초리밖에 없었으니까. 그래도 같은 일을 하는 말한테 부탁하면 들어줄 것이라 생각했는데, 들은 체도 하지 않았어. 설마 나도 쓰러져 죽을 줄은 몰랐지."

우리는 노력하지 않으면 살아가기 힘든 세상에서 살고 있다. 빈부 격차는 점점 심화되고 한번 추락하면 회복은커녕 계속 추락한다. 요즘은 옆집에 누가 살고 있는지도 모를 정도다. 엘리베이터를 함께 타더라도 눈도 안 마주치고 지나간다. 자동으로 출입문이 닫힐 때 사람들의 마음의 문도 함께 닫힌다.

경영자는 직원의 상태를 평소에 파악해둬야 생산성이 좋아진다는 사실을 알고 있다. 부자는 가난한 사람들을 도와주지 않으면 그들의 몫까지 부담해야 한다는 사실을 알고 있다. 그럼에도 선뜻 신경 쓰지 못하는 것은 왜일까? 바로 그들 자신의 짐이 가장 무겁다고 생각해서다.

힘겨운 사람은 평소에 힘겹다고 말하고 싶을 것이다. 여유가 있는 사람들에게 도움을 청하고 싶을 것이다. 그러나 마음먹고 도움을 청하면 "인생은 만만한 것이 아니야"라는 등 열심히 일하라는 설교만 들을 뿐이다. 도움을 청한 것이 오히려 마음에 부담만 가져온다. 그러다 보니 '죽을 정도가 아니라면' 도움을 청할 생각조차 못 한다. 남들 앞에서는 눈물을 보이지도 말고 아쉬운 소리를 해서도 안 된다며 자존심을 지키라고 말하는 사람들도 있다. 그런데 생사를 좌우하는 일이라면 체면 불구하고 아쉬운 소리를 하거나 울기라도 해야 할 것 아닌가?

배려는 훈련이 필요하다. 내가 가진 것을 나눠주고 다른 사람의 무거운 짐을 들어주는 연습을 하지 않으면, 배려는 자연스럽게 실현되지 않는다. 사람들은 자신이 받은 마음의 상처에는 즉각 반응한다. 그러나 남에게 상처를 줄 때는 그게 상처인 줄도 모른다.

어려움에 처한 사람의 부탁을 들어준다면 우리의 삶이 윤택해지지 않을까? 다른 사람의 어려움을 무조건 외면하지 마라. 위급한 상황에 처해 있는 사람을 만나면 당신의 손을 내밀어보라. 이웃들과 함께 어울려 살 때 삶이 윤택해진다. 혼자만 살겠다고 다른 사람들의 어려움은 나 몰라라 하겠는가? 죽은 당나귀의 짐마저 져야 하는 말의 신세는 안 되어야 하지 않을까?

서로 다투다
남 좋은 일 하지 마라

✦ 사자와 멧돼지

한여름 더위에 목이 마른 사자와 멧돼지가 물을 마시려고 작은 우물에 갔다. 둘은 서로 먼저 먹으려고 다투다가 싸움이 격해졌다. 둘은 한숨 돌리려고 돌아섰다. 이때 먼저 쓰러지는 쪽을 잡아먹으려고 기다리는 독수리 떼를 보았다. 둘은 미워하는 마음을 접어두고 말했다.

"독수리의 먹이가 되느니 서로 친구가 되는 게 낫겠어."

선거철이면 정치권에서는 당의 대표를 선출하기 위해 바삐 움직인다. 그리고 당 대표 후보들은 하나같이 "법을 준수하고 선의의 경쟁을 하자"고 약속한다. 후보자들과 당원들은 '정권을 쟁취하자'며 화기애애한 분위기에서 출정식을 연다. 그런데 약속에도 불구하고 막상 선거전에 돌입하면 달라진다. 상대 후보의 약점을 캐내 흑색선전을 시작하고 비난한다. 이렇게 해서 선출된 당 대표는 다른 정당에 타깃이 된다. 인신공격의 빌미를 제공한 셈이다.

축구 경기는 승리 팀과 패배 팀이 분명하다. 대개 패배한 팀에서는 실력이 부족하거나 실수한 선수를 질타하면서 남 탓을 한다. 심지어 감독의 팀 운영 방식에 이의를 제기하는 등 불만이 쏟아져 나온다. 그런데 승리 팀은 어떨까? 실수를 했더라도 격려의 박수를 보낸다. 파이팅을 외치는 선수들의 얼굴에는 이겨야 한다는 의지가 보인다. 지고 있는 팀은 가라앉은 분위기 때문에 실수를 연발한다. 반면에 이기고 있는 팀 선수들은 그라운드를 펄펄 날아다니며 경기를 주도해간다.

밀림을 한번 생각해보자. 밀림에서는 내 목숨을 노리는 맹수들이 언제 어디에서 나타날지 모른다. 그래서 물을 마시거나 먹이를 먹을 때도 주위를 살피는 노력을 게을리하지 않는다. 약한 동물들은 파수병을 두어 적의 침입을 살피고, 무리가 안전하게 생활할 수 있도록 안전장치를 준비한다.

만일 이들이 서로 좋은 자리를 차지하겠다며 싸우거나 파수병이 자신의 역할을 등한시한다면 어떻게 될까? 모두가 한정된 파이를 차지하겠다고 달려든다면, 누군가 멈추지 않고서는 문제가 해결되지 않는다. 특히 경쟁 구도에서 파이가 줄어들기 시작하면 아군은 사라지고 적군만 보인다. 양보는 언감생심일 뿐, 아군까지도 내 것을 빼앗으려 달려드는 적군으로 보인다.

이렇게 난장판인 상황에서는 어떻게 처신해야 할까? 죽을 각오로 달려들거나 포기하는 수밖에 없다. 정신을 차리라고 소리쳐도 소용이 없다. 마치 그 소리가 덤벼드는 것처럼 들리기 때문이다. 다행히 내가 강하다면 모두를 물리치고 내 마음대로 하면 된다. 그럴 처지가 아니라면 어떻게 해야 할까? 강자에게 붙어서 파이 한 조각이라도 얻어먹든지, 그 자리를 벗어나 다른 파이를 찾으러 나서야 한다.

우화에서처럼 우물물을 두고 싸울 것이 아니다. 그물로 장사할 것도 아니니 종일 우물을 지키고 있을 필요도 없다. 그저 먹을 만큼 마시고 떠나면 된다. 우물이 어디로 도망가는 것도 아니고 당장 마르는 것도 아니다. 괜히 둘이서 피 터지게 싸우다가 물도 못 마시고 독수리의 먹이가 된다면 이 얼마나 한심한 일인가? 접을 것은 접고 양보할 것은 양보하라. 서로 다투다가 남 좋은 일만 시킬 것인가?

불신의 말은
조직을 붕괴시킨다

✦ 세 마리 황소와 사자

늘 함께 풀을 뜯는 황소 세 마리가 있었다. 사자는 그들을 잡아먹고 싶었지만, 황소가 늘 무리지어 있어서 그럴 수가 없었다. 그래서 사자는 이간질하는 말을 퍼뜨려 황소들을 따로 떼어 놓았다. 이후 떨어져 있는 황소를 차례로 잡아먹었다.

인간은 본능적으로 다른 사람을 칭찬하기보다는 험담하기를 좋아하는 듯하다. 그래서 누군가의 험담을 들으면 처음에는 '그럴 리가 없다'라며 부정하지만, 다른 한편으로는 '그럴 수도 있겠지'

라며 자기도 모르게 이를 수긍하려고 한다.

더욱이 사이가 안 좋거나 경쟁 상대라면 '그럼 그렇지'라고 반응하고는 험담을 여과 없이 받아들인다. 그리고 험담에 자기 의견까지 붙여서 다른 사람에게 전달한다. 문제는 전달 과정에서 바늘 도둑이 소 도둑으로 확대된다는 점이다.

두 사람 사이를 멀어지게 하는 이간질도 마찬가지다. 처음에는 무시하거나 대수롭지 않게 생각한다. 그러나 작정하고 나선 사람의 이간질은 한두 번으로 안 끝난다. 게다가 신뢰성을 얻기 위해 자기 이야기를 듣는 사람들에게 우호적인 제스처를 보낸다. 감언이설을 마다하지 않으며 몇 가지 진실도 양념으로 추가한다. 서로 다른 말을 만들어 전달하고, 서로를 헐뜯게 한다. 결국 사이가 멀어지게끔 유도한다.

이간질을 당하면 친구일지라도 경계하고 상대방의 말이 진심인지 의심한다. 좋았던 친구 관계는 냉담해지고 이간질이 계속되면 친구는 적으로 변한다. 적으로 변한 친구가 어려움을 당해도 모른 척하거나 그 상황을 고소해한다. 한편으로는 '친구니까 도와주어야 한다'는 생각이 맴돌지만, 그럴 필요가 없다는 생각도 들어 고민한다. 이 상황이 되면 친구의 말보다 이간질하는 사람의 말이 더 믿음직스럽다.

불신의 말은 조직을 붕괴시키는 바이러스와 같다. 이 바이러스는 조직을 와해시켜서 바람에 날리는 먼지 같은 조직으로 만든다.

불타는 장작에 물을 뿌리면 불이 꺼진다. 그런데 이간질 때문에 다친 마음의 불은 아무리 달래도 꺼지지 않는다. 사자는 이간질의 위력을 활용해 세 황소들을 떨어뜨렸다. 혼자가 된 황소는 사자가 간단히 처리할 수 있는 먹이로 추락했다.

물고기의 입은 낚싯바늘에 낚인다. 인간도 마찬가지다. 입 때문에 걸려든다. 누군가가 친구의 험담을 한다면 더 이상 상종할 이유가 없다. 만약 상종해야만 한다면 다시는 험담하지 못하도록 따끔하게 충고하라.

잘못된 한마디가 사람을 죽일 수 있음을 명심하라. 그리고 입에서 험담이 나오려고 한다면 '너 험담하고 있어'라며 스스로에게 경고하라. 이것이 믿음직한 사람의 도리다.

친구의 처지를
이해하라

✦ 사자와 돌고래

사자가 바닷가를 거닐다가 물 밖으로 머리를 내민 돌고래를 보았다.

사자가 돌고래에게 동맹을 맺자고 제안했다. "우리가 친구로 아주 잘

어울릴 것 같아. 너는 바다의 왕이고, 나는 육지의 왕이니까." 돌고래

는 사자의 제안을 받아들였다. 얼마 후, 야생 황소와 오랫동안 대치하

던 사자가 돌고래에게 도움을 청했다. 돌고래가 계속 물속에 있자 사

자는 돌고래가 자신을 배신했다고 비난했다. 돌고래가 답했다. "내가

아니라 자연을 탓해. 자연은 나를 물속에서 헤엄치게 했지, 육지에서

걷도록 허락하지는 않았잖아."

누구에게도 말하기 어려운 고민을 털어놓을 수 있는 친구가 있고, 피하고 싶고 부담스러운 친구도 있다. 진정한 친구란 나에게 도움을 주는 친구일까, 내가 도움을 주고 싶은 친구일까? 친구라면 꼭 도움을 주고받아야 할까, 아니면 일방적으로 도움을 주는 것일까? 무엇을 도와야 하는 것일까?

경제적으로 곤란한 친구에게 금전적인 도움을 주었는데 마음의 벽이 생겼다면 어떻게 할 것인가? 금전적인 어려움 때문에 친구의 도움을 바라는데 격려만 한다면 어떤 생각이 들까? 내 어려운 사정을 듣고 달려오는 친구가 있는가? 친구의 어려움을 듣고 달려간 적이 있는가? 친하다고 믿었는데 곤경에 처한 나를 외면했다면, 그 친구를 원망할 것일까? 아니면 피치 못할 사정이 있었을 거라 생각해볼 것인가?

사자와 돌고래는 친한 친구였다. 서로 활동하는 세계는 다르지만 호기심을 채워주고 마음을 털어놓을 수 있는 사이였다. 그런데 문제가 있다. 아무리 친해도 상대가 할 수 없다는 것을 모르고 있다는 점이다.

우화에서 사자와 고래는 태생적으로 함께할 수 없는 운명이다. 그럼에도 사자는 육지로 올라오지 않는 고래를 원망했다. 친구란 어떤 경우라도 도움을 주어야 한다고 생각하는 것을 보니 이기적인 친구다. 만일 고래가 친구를 위해서 자신이 할 수 있는 것이 무엇인지 모르고 무턱대고 육지로 뛰어올랐다면, '쥐뿔도 없는 것'이 무엇이든 도와주겠다고 큰소리치는 것과 다름없다.

친구란 무엇일까? 뜻과 마음을 같이하는 동지다. 한계 이상의 것은 바라지 않고, 서로의 한계를 이해하며 마음이 통하는 관계다. 위로와 격려만으로도 고마운 위로자다. 기쁨은 함께하고 슬픔은 나누는 가슴 따뜻한 사람이다. 가진 것을 다 주어도 아깝다고 생각하지 않는 가족 같은 사이다. 같은 곳을 바라보며 함께 갈 수 있는 인생의 동반자다.

친구가 아닌 사람은 누구인가? 앞에서는 간이라도 빼줄 듯하다가도 돌아서서 딴소리를 하는 사람이다. 상대의 성공을 시기하는 사람이다. 한계 이상의 것을 요구하고 들어주지 않으면 서운해하는 사람이다. 상대의 결점을 받아들이지 못하고, 함께 있어도 물과 기름처럼 겉도는 사람이다. 필요할 때만 연락하는 사람, 상대의 체면을 배려하지 않는 무례한 사람이다.

좋은 친구가 되려면 어떻게 해야 할까? 마음의 문을 열어야 한다. 기다리기보다 먼저 연락하라. 내가 먼저 좋은 친구가 되도록 노력하라. 부탁할 것은 부탁하고, 들어줄 것은 성심껏 듣자. 친구의 성공을 나의 성공처럼 기뻐하라. 친구의 처지를 이해하라. 모든 사람이 떠나가도 나만은 남아 있겠다고 생각하라.

제6장

사람을 잘 가려서
만나는 법

지나친 호의는
경계하라

✦ 염소 지기와 야생 염소

염소 지기가 염소들 틈에 야생 염소들이 섞여 있는 것을 보았다. 해가 저물자 염소 지기는 염소들을 동굴에 몰아넣었다. 염소 지기는 자신의 염소에게 죽지 않을 만큼 꼴을 한 줌씩 먹였고, 새로 온 염소에게는 길들일 요량으로 먹이를 넉넉히 주었다. 그런데 날이 밝아 산에 오르자 야생 염소들이 달아났다. 염소 지기는 염소들이 배은망덕하다며 비난했다. 그러자 야생 염소들이 돌아서며 대답했다. "당신은 원래 있던 애들보다 우리에게 훨씬 잘해주었어요. 만약 다른 염소들이 온다면 당신은 분명 우리를 홀대하겠지요."

종종 뇌물수수 사건으로 검찰에 불려가 심문을 받는 정치인의 뉴스를 접하곤 한다. 그들은 뇌물을 준 사람을 만난 적도 없다거나 만났다 해도 금품을 받은 적 없다며 펄쩍 뛴다. 그런데 수사 결과, 그들의 관계가 드러나고 변명이 거짓으로 판명나기도 한다.

정치인에게 아무 이유 없이 거액의 현금을 가져다주는 사람이 있을까? 분명 의도가 있지 않겠는가? 물론 보답 차원에서 베푸는 경우도 있을 것이다. 다만 일면식도 없는 사람이 돈뭉치를 가져와 그냥 쓰라고 한다면 이를 순수하게 볼 일인가?

선물이라 해도 적정 수준이 있다. 값비싼 금품은 뇌물에 가깝다. 뇌물 제공자는 무언가를 바라고, 받은 자는 무언가 해주어야 한다는 부담이 있다. 교사도 학부모에게 작은 선물이라도 받으면 그 학생에게 자기도 모르게 눈길이 간다고 한다. 하물며 뇌물을 받았는데 어찌 입을 닦겠는가? 뇌물은 일종의 마약 같아서 한 번 받기 시작하면 자꾸 받게 된다. 그러다가 죄책감마저 사라지고 더 큰 뇌물을 바라게 된다. 잘못 먹으면 토해내거나 패가망신하는 쥐약 같은 독극물이 된다.

겉으로는 웃음을 띠지만 속으로는 비수를 품는 '위장' 호의가 있다. 제2차 세계대전에서 일본은 미국과 우호 관계를 꾀했다. 동시에 미국이 경계를 소홀히 한 틈을 타서 진주만에 기습 공격을 했고 미군 기지를 초토화했다. 미국이 위장된 호의에 뒤통수를 맞은 것이다.

한번 당해보라며 감당하기 어려울 만큼의 호의를 베푸는 경우도 있다. 상대의 판단을 흐리게 해서 자신의 목적을 이루려는 의도다. 선물 공세와 과장된 호의로 경계심을 허물고 여자의 몸과 마음을 빼앗고 달아나는 남자의 거짓 호의 등이 그렇다. 과하다는 생각이 들면 일단 경계하는 것이 좋다.

우화에서 염소 지기는 야생 염소에게 과도한 호의를 베풀었다. 다행히 그의 야심을 알게 된 야생 염소들은 풀리자마자 달아났다. 거짓된 호의를 베푼 염소 지기만 손해를 보았다. 뻔히 보이는 거짓 호의, 상대가 모를 것이라고 착각하는 거짓 호의. 그 어느 것이든 거짓은 드러나기 마련이다. 거짓 호의로 상대를 속이려 한다면 일단 그 마음부터 접어라. 그리고 상대에게 속지 않으려면 과도한 호의는 일단 경계하라.

만나서는 안 될 사람은
멀리하라

✦ **단지**

흙 단지와 구리 단지가 강물에 쓸려 내려왔다. 흙 단지가 구리 단지에 게 말했다. "나에게 떨어져서 헤엄쳐. 어쩌다 네가 날 건드리면 나는 산산조각이 날 거야."

가끔 뜬금없이 도와달라며 손을 벌리는 부담스러운 사람들이 있다. 그들은 직장 상사와 한바탕하고 사표를 냈다며 수입원이 막혀서 생활하기가 어렵다고 말한다. 이 말끝에는 "꼭 바로 갚을 것이니 돈을 빌려달라"가 붙는다. 한두 번이면 몰라도 만날 때마다 이런 말을 반복한다.

만나주지 않으면 전화를 하거나 직장까지 찾아와서 난처하게 할 때도 있다. 사업을 시작했는데 자금이 모자란다며 보증을 서달라고 손 내민다. 잘 알지도 못하는 선배인데도 만날 수 있게 다리를 놓아달라고 한다. 사업성이 있는 아이템을 찾았는데 수익이 확실히 보장된다며 투자를 권유하기도 한다.

만나기만 하면 도와달라거나 뭔가를 요구하며 들이대는 사람들이 있다. 이들을 보는 것만으로도 가슴이 덜컹 내려앉을 정도다. 부탁을 한번 들어주기 시작하면 끝이 없다. 그러니 처음부터 매정하리만큼 거절할 수밖에 다른 도리가 없다. 아무리 부탁해도 '소 귀에 경 읽기'라는 생각이 들게끔 긍정도 부정도 하지 말고 못 들은 체하는 것이 상책이다.

이러한 사람의 4가지 유형을 보자. 첫째, 비교하는 유형이다. 입만 벙긋하면 다른 사람과 비교해서 마음을 불편하게 하는 얄미운 사람들이다. 누구는 자기가 추천한 증권에 투자해서 대박을 터뜨렸는데, 너는 내 말을 듣지 않고 엉뚱한 곳에 투자해서 쪽박을 찬 거라며 약 올린다.

자기 남편은 이번에 승진했는데 네 남편은 아직 멀었냐며 속을 뒤집고, 이번에 넓은 평수로 이사했는데 너는 이 좁은 아파트에서 사는 게 지겹지도 않느냐며 약을 올린다. 누구 아들은 서울대에 합격했는데, 공부 잘한다고 소문난 네 아들은 그렇지 못해 속상하겠다며 기를 죽인다. 비교하는 말로 성질을 돋우는 사람과는 만나지 않는 게 좋다. 계속 비교하며 속을 뒤집는가? 그렇다면 똑같이 비교하거나 아예 상종하지 않는 것도 한 방법이다.

둘째, 약점을 캐는 유형이다. 남의 약점만 들춰서 약 올리는 사람들이다. 약점인 그 상처를 건드려서 힘들어하는 모습을 보고 즐거워한다.

사람마다 보이고 싶지 않은 비밀이 있다. 그것이 신체 일부분일 수도 있고 과거 행적이나 신분상의 문제일 수도 있다. 굳이 사방에 퍼뜨려서 당사자를 난처하게 하는 사람들이 있다. 이들은 만날 때마다 잊어버리고 싶은 약점을 들춰 기분을 망친다. 이들을 만나면 언제 어떤 말로 사람 속을 뒤집어놓을지 불안하다. 만약 이런 사람이 주위에 있다면 관계를 끊어야 한다.

셋째, 험담을 하는 유형이다. 입에 무엇이 들었는지, 험담을 실타래 풀듯이 하는 사람들이 있다. 이런 사람들은 다른 사람들이 잘되는 것을 인정하지 않는다. 그리고 자기 말이 험담이 아니라 충고라고 말한다. 없는 사실도 거짓으로 지어내 유익한 정보라 말하기도 한다. 이런 사람과 말을 할 때는 험담하지 말라고 따끔하게 경고를 하거나 아예 무시하고 화제를 돌려야 한다.

넷째, 무기력을 주입하는 유형이다. 함께 있기만 해도 무기력해지는 사람들이 있다. 힘들여서 앞설 필요가 없다며 중간만 하라고 한다. 굳이 나서지 않아도 시간이 흐르면 다 해결된다며 조바심

내지 말라고 한다. 이들은 도전을 '특별한 사람들의 전유물'이라고 여긴다. 현실에 만족하는 삶이 가장 좋은 삶이라며 앞으로 나아가려는 시도를 막는다. 그래서 이런 사람들과 있으면 나도 모르게 무기력해진다. 활력을 찾고 싶다면 이 무리를 떠나서 다른 무리에 합세하는 것이 좋다.

세상에는 긍정적으로 희망을 주는 사람들이 어디든 있다. 적극적인 행동으로 사람들을 활기차게 만들어주는 사람들도 있다. 그러니 약점만 캐거나 무기력한 사람과 어울려서 인생을 망칠 필요가 있을까?

당신이 흙으로 만들어진 깨지기 쉬운 항아리인가? 그렇다면 쇠항아리 같은 사람을 멀리해야 한다. 그리고 당신의 가치를 인정하고 소중히 여기는 사람을 찾아야 한다.

약속을
우습게 여기지 말자

✦ 불가능을 약속하는 사람

한 가난한 사람이 어느 날 병에 걸렸다. 의사는 그에게 병이 낫는 것을 단념하라고 했다. 그는 신에게 자기가 낫는다면 소 100마리를 바치겠다고 빌었다. 그러자 옆에 있던 부인이 물었다. "그 많은 걸 어떻게 구하죠?" 남자가 대답했다. "내가 나으면 신들이 나한테 항의할 거라 생각해?"

직장에는 출퇴근 시간이 정해져 있고 학생에게는 따야 할 학점이 있다. 소득이 있으면 세금을 내야 하고 고용주는 피고용주에게

임금을 줘야 한다. 약속이란 현재뿐만 아니라 장래에 일어날 일에 대해 서로가 지킬 것을 확정하는 것이다. 애매한 것을 확실하게 선 긋는 일이다. 그리고 약속은 낯선 길을 가는 나그네에게 방향을 가리키는 이정표와 같다. 엉뚱한 곳으로 벗어나려는 마음을 바른 길로 교정해주는 일종의 자동항법장치 역할을 한다.

　우리는 약속으로 연결되어 있다고 해도 과언이 아니다. 부모는 자녀에게 이번 시험 성적이 오르면 노트북을 사주겠노라 약속하고 자녀는 성적을 올리겠다고 다짐한다. 결혼식에서 하객 앞에서 평생 함께하겠다는 맹세를 하고, 가족에게 금연을 하겠다고 선언하기도 한다. 거래를 트려고 납품 가격을 최저가로 제시하고, 거래를 지속시키고자 납품 기한을 지키겠다며 계약서에 서명한다. 매월 한 번은 외식을 하겠다고 약속하는가 하면, 재산을 사회단체에 기부하겠노라 발표한다. 일찍 일어나고 일찍 자겠다는 결심도 한다.

　약속이란 자신 또는 다른 사람들과 장래의 일을 미리 정해, 어기지 않고 함께하기로 다짐하는 일이다. 그런데 약속에는 깨버리고 싶은 유혹도 함께 존재한다.

　약속은 왜 하는 걸까? 사람들의 약속에는 현실의 불안과 미래의 불확실성을 안정시키려는 의도가 숨어 있다. 미래에 달성하려는 목표를 현시점에서 다시 한번 더 확정시키기 위한 것이다. 즉 미래의 목표와 현실과의 차이를 메우기 위한 방법을 분명히 해두기 위한 것이다.

그렇다면 약속을 왜 지키는 걸까? 약속을 지키지 않아서 생기는 심적 부담을 만들지 않기 위해서다. 약속 불이행으로 깨지는 질서를 막아 질서 속에서 조화롭게 살고자 하는 마음이 있기 때문이다. 미래에 거둘 결실을 완벽하게 하고, 실패를 방지해 성공을 보장하기 위한 것이다.

약속이 중요한데도 사람들은 왜 지키지 못할 약속을 할까? 거절을 못하는 약한 마음 때문이다. 머리로는 약속하면 안 된다며 거절의 신호를 보내지만 가슴에서는 승낙한다. 이들은 약속을 하고 난 후 거절하지 못한 자신을 질책하며 괴로워한다.

'약속이란 지킬 수 없는 사정이 생기면 깨질 수도 있다'라고 생각하는 사람도 있다. 이들은 깨진 약속에는 피치 못할 사정이 있다며 합리화한다. 약속은 지키기 위해서 존재한다. 물론 우리가 신이 아니므로 약속을 못 지킬 때도 있다. 그렇지만 '지킬 수 없는 약속은 하지 않겠다'와 '약속한 것은 반드시 지킨다'라는 원칙을 정한다면, 우화에 등장한 남자처럼 약속을 가벼이 생각하지는 않을 것이다.

나를 시험하는 사람을
멀리하라

✦ **위선자**

한 위선자가 사람들에게 "델포이의 신탁이 거짓임을 증명할 수 있다"

고 약속했다. 그는 약속한 날이 되자 작은 참새 한 마리를 망토에 숨

겨 사원으로 갔다. 그는 신탁소 앞에서 자기 손에 있는 것이 죽었는지

살았는지를 물었다. 그는 만약 죽었다는 대답을 들으면 살아 있는 참

새를 내놓고, 살아 있다고 들으면 참새의 목을 내놓을 생각이었다. 그

런데 신은 그 의도를 알아채고 이렇게 대답했다. "네가 든 것이 죽건

살건, 모두 너의 손에 달렸구나."

친구란 가깝고 고귀한 사이다. 친구는 나의 장점과 취향을 알고 있는 사람이다. 그리고 남들이 모를 수 있는 나의 가치를 인정해주고 내가 모르는 나의 가치도 찾아주는 존재다. 친구는 내가 가야 할 길이 멀더라도 불평하지 않고 길동무가 되어주는 사람이다. 친구는 나의 인생관에 공감하고 내가 가는 길을 물심양면으로 응원해주는 사람이다. 친구는 기꺼이 나를 따라 나설 수 있는 사람이다.

친구는 오래된 사이라서 '나'를 잘 알고 있다. 표정만 보고도 어떤 상태인지 금세 알아차린다. 투정을 하면 내가 무엇을 원하는지 알고는 찾아주려고 애쓴다. 내 마음이 상했을 때는 등을 두드리며 위로해준다. 그만큼 친구 간에는 거리가 없다. 목욕탕에 가서 벌거벗은 채 서로의 등을 밀어주며 즐거워한다. 내 잘못을 보더라도 피치 못할 사정이 있었을 것이라며 덮어주고, 슬픈 일이 생기면 가장 먼저 달려오는 존재다. 누구에게도 보이기 힘든 마음을 친구에게는 온전히 보여줄 수 있다. 이것이 바로 진정한 친구다.

그런데 친구 관계가 나이가 들면 조금씩 달라지기도 한다. 20대에는 뜨거운 열정으로 의기투합한다. 마치 세상을 집어삼킬 듯이 기세등등하게 행동한다. 대개 30대가 되면 직장을 다니고 결혼을 한다. 서로의 생각에 공감하며 20대의 우정을 되새기고 현재를 격려한다. 세상 물정을 아는 중년이 되면 어떨까? 서로를 비교하며 박수 치기도 하고 안타까워도 한다. 가진 것이 적던 20대 때는 '무엇이라도 나누겠다'고 하지만 시간이 지날수록 나누어줄 것이 줄어든다. 도와달라거나 도움을 주겠다는 말은 하지 않지만 서로의 애환을 이해한다.

나이가 들면서 친구 관계가 조금씩 소원해졌다가 크고 작은 일이 생겼을 때 다시 만나곤 한다. 그러고는 젊은 시절의 우정을 돌이켜본다. 그럴 때면 청춘으로 되돌아가 젊은 시절의 이야기로 꽃을 피운다.

친구는 어려움을 함께 나눌 수 있는 사이다. 친구는 서로의 어려움을 보고 줄다리기를 하지 않는다. 친구는 친구의 인내를 시험하지 않는다. 친구는 절망의 길로 떨어지는 친구의 손을 가장 먼저 붙들어준다.

우화에서 짓궂은 사나이가 '감히' 신을 시험했다. 신이란 무엇인가? 인간의 마음을 속속들이 아는 존재가 아닌가? 친구는 누구인가? 친구에게 시험을 당하면 금세 알아차리는 존재가 아닌가? 그렇기에 친구를 시험하지 마라. 나를 시험하려는 사람은 친구가 아니다. 친구 되기를 포기해야 할 사람이다. 그저 멀리해야 할 사람일 뿐이다.

생색만 내는 친구 때문에
상처받지 마라

✦ **황소와 차축**

> 황소들이 마차를 끌고 있었다. 차축이 삐걱거리며 소리를 내자 황소
>
> 들이 뒤를 돌아보며 말했다. "어이, 친구! 짐을 끌고 가는 건 우리들인
>
> 데 왜 자네가 우는 소리를 내나!"

직장 생활을 그만두고 사업을 시작한 김 씨는 직원들을 보는 눈이 이전과 달라졌다. 직장 생활을 할 때만 해도 상사에게 아부하는 동료들을 좋게 보지 않았다. 게다가 동료들의 공적을 자기가 한 일로 돌리는 동료와는 말도 섞기 싫어했다.

다른 동료들도 김 씨처럼 아부하는 직원들의 행동을 비난했다. 그들은 회식 자리에서 성토의 대상이 되기도 했다. 그런데 사업체를 운영한 다음부터 달라졌다. 이전에는 그렇게도 보기 싫었던 아부하는 직원이 이제는 '괜찮은' 직원으로 보이기 시작한 것이다.

직원들은 사장인 그와 가까이 하는 것을 불편해했다. 자기들끼리 이야기하다가 그가 다가가면 언제 그랬냐는 듯 입을 다물고 모른 척했다. 이런 와중에 직원들에게 아부쟁이로 따돌림을 당하는 한 직원이 갖가지 소식을 들고 그에게 다가왔다. 처음에는 꺼림칙했지만 점차 보고를 기다렸고, 결국 그를 좋아하게 되었다.

함께 일한 것도 혼자 한 것처럼 생색을 내는 동료가 있다면 얼마나 얄밉겠는가? 더욱이 그 사람만 상사의 인정을 받아 승진하면 얼마나 기분이 나쁘겠는가? 그런데 생각해볼 점이 있다. 그 동료는 제 나름대로 다른 사람들보다 열심히 했다고 생각하지 않겠는가? 그리고 정당한 평가를 받기 위해 노력했다고 생각하지 않겠는가? 자신이 말하는 것은 생색이 아니라 적절한 보고라고 생각하지 않겠는가?

반면 당신이 하는 일을 상대에게 제대로 이해시키지 못한 것은 아닌지 생각해볼 일이다. 당신의 업무를 상사에게 설명하는 것을 대수롭지 않게 여기지는 않았는지 생각해볼 일이다. 아부쟁이 친구보다 게으른 것이 아닌지도 생각해볼 일이다. 또한 당신은 생색을 내고 싶어도 그럴 만한 것은 없는지 생각해보라. 어떻게 말할지, 자신 없는 것은 아닌지 생각해보라.

세상에는 다양한 사람들이 있다. 보기 싫은 사람이 있다고 해서 당장 그곳을 떠날 수 있는 것도 아니다. 천사 같은 사람도 있지만 악마 같은 사람도 있다. 그런데 문제는 누가 천사이고 누가 악마 인지 구별하기가 어렵다는 것이다.

설령 당신이 악마 같은 사람을 발견했다 해도 어쩔 것인가? 그를 비난하고 싸울 것인가? 그를 이길 수 있는 방법을 찾아보겠는 가? 당신의 내공이 그를 이길 만큼 강한가? 당신도 무엇인가 내세 울 만한 일을 만들어야 한다. 그리고 이를 설명할 배짱과 용기도 있어야 한다.

기업에서 많은 돈을 들여 제품을 홍보하는 이유가 뭘까? 왜 상품을 예쁘게 포장하는 것일까? 왜 국회의원 선거 출마자들이 허리를 굽혀 온 동네를 돌아다니고 있겠는가? 왜 아이들이 울며 엄마에게 떼를 쓰겠는가? 왜 반려견이 주인을 보고는 꼬리를 흔들겠는가?

생색을 내는 친구를 비난하고 욕할 것이 아니다. 그리고 생색만 내는 친구 때문에 상처 입을 것도 없다.

사악한 사람의 호의는 경계하라

✦ **제우스와 뱀**

제우스의 결혼식에 참석한 동물들은 자기 능력대로 선물을 가져왔다.

뱀이 제우스 앞으로 기어오더니 입에 문 장미를 내밀었다. 평소 뱀이

사악하다는 것을 안 제우스가 이렇게 말했다. "다른 모든 동물들의

선물은 받겠지만 네가 입에 문 것은 거절하겠다."

몇십 년 전만해도 시골에서 상경한 처녀들이 보따리를 움켜쥐고 서울역에 내리면, 웃음을 띤 사람들이 접근했다. 그러고는 일자리를 소개해주겠다고 꼬드겨서 이상한 곳에 팔아넘기는 일이 많

았다. 또는 서울 구경을 갔다가 지갑을 소매치기 당해서 낭패 보는 사람들이 많았다. 그러다 보니 '서울은 눈 감으면 코 베이는 곳'이라는 말이 돌기도 했다. 요즘에도 비슷하다. 역 주변에서 낯선 사람이 다가와 인상이 좋다는 둥 듣기 좋은 말로 접근해 "혹시 도를 아십니까?"라고 말하는 경우도 있다.

이뿐만이 아니다. 전화를 걸어 "택배가 왔는데 본인 확인이 필요하다"며 개인정보를 요구하기도 한다. 솔깃한 부동산 투자 정보, 현재의 건강 상태와 딱 들어맞는 건강식품, 교통비도 안 될 만큼 저렴한 여행 광고 등 사람을 홀리는 일이 만연하다. 문제는 그들의 말을 믿을 수 없다는 사실을 알면서도 속는다는 것이다. 빤한 꼬임에 넘어가는 사람들은 도대체 어떤 사람들일까?

첫째, 세상 물정을 모르는 순진한 사람들이다. 이들은 듣는 것, 보이는 것을 그대로 받아들인다. 월급쟁이 중에 이런 사람들이 많다. 열심히 직장만 다니다가 정년을 마치고 '뭔가 해보겠다'고 나선다. 그런데 광고에 현혹되어서 모아뒀던 돈을 모두 털린다. 몸담고 있던 세상과 새로운 세상이 다르다는 사실을 몰라서다.

둘째, 귀가 얇은 사람들이다. 이들은 자기 나름의 판단 기준이 없어서 사탕발림에 잘 속는다. 그리고 대개 경험하지 못한 일에 매료되어 한없이 빠져든다. 홈쇼핑 광고에서 '상품이 몇 개 남지 않았다'라는 말에 급히 달려들어 손해 보는 사람들이다.

셋째, 다른 사람을 의심하지 않는 사람들이다. 이들은 상황의

앞뒤를 고려하지 않고 즉흥적으로 판단하고 결정한다. 속고 나서야 다시는 속지 않겠다고 다짐한다. 하지만 금세 잊는다. 대개 '사람 좋다'는 평가를 받는 사람들이다.

넷째, 거절을 못하는 사람들이다. 이들은 거짓말인 줄 알면서도 거절하지 못하는 소위 '착한 사람'이다. 아니라고 거절하면 이기적인 사람으로 낙인 찍힐까 봐 두려워한다. 눈 뜨고 코 베이는 사람들로, 승낙하고서 뒷감당을 힘들어한다.

그렇다면 사악한 사람들의 유혹에 어떻게 대처해야 할까? 첫째, 아무리 그럴듯한 제의를 받더라도 덥석 승낙하지 마라. 신중하게 생각한 다음에 결정해도 늦지 않다. 애매하거나 의심된다면 관련 정보를 찾아보거나 지인에게 자문을 구해도 좋다. 스마트폰만 켜도 그 자리에서 진위를 확인할 수 있다.

둘째, 속아본 경험이 있다면 그 사람과는 상종하지 마라. 본전이라도 뽑겠다는 마음으로 접근했다가는 더 많은 피해를 입을 것이다.

셋째, 뒤통수치는 사람을 경계하라. 어떤 이가 뒤통수를 칠지 판별하기란 어렵다. 다만 평소에 안 친한 사람이 친근하게 접근하면, 일단은 뒤통수를 맞을 수도 있음을 의심해보라.

우화에서 제우스는 꽃을 물고 축하하러 온 뱀의 사악함을 알고 있었다. 이 판단은 신이기에 가능했다. 그는 '누가 사악하고 누가 신뢰할 만한 사람인지'를 알아차렸기에 그 자리에서 뱀의 호의를 물리칠 수 있었다.

신뢰는 튼튼한 바위 위에 쌓아 올린 성처럼 견고하다. 그렇기에 비바람에 무너지지 않는다. 다만 거짓과 속임수로 쌓아 올린 성은 모래 위에 지어진 허상일 뿐이다. 신뢰가 쌓인 사람이라면 어려울 때 응원해줄 사람들이 몰려들 것이다. 그러나 사악한 사람이 곤란해지면 함께 있던 사람조차 도망갈 것이다.

정직하게 살면서 다른 이의 조언에 귀를 기울인다면, 사악한 사람들이 쳐둔 위장된 호의의 그물에 쉽게 걸리지 않을 것이다. 그렇다고 접근하는 모든 사람들을 사악하다고 생각하는 바보는 되지 않아야 한다.

가까운 사람을 해치는 사람을
조심하라

✦ 농부와 개들

한 농부가 날씨가 나빠서 농가에 칩거하고 있었다. 먹을 것을 구할 수 없었던 농부는 먼저 양을 잡아먹었다. 궂은날이 계속되자 염소를 잡아먹고, 급기야 일하는 황소까지 잡아먹었다. 이를 지켜보던 개들이 말했다. "여기서 달아나야 해. 주인이 함께 일하는 황소들까지 손댄 것을 봐. 그가 어떻게 우리를 살려주겠어?"

군인은 적이 침입하면 무기를 총동원해서 맞선다. 병사들은 개인 화기에 실탄을 장전해 언제든지 사격할 태세를 취한다. 그러나 일상생활을 할 때는 무장하지 않는다. 개인 화기를 갖고 있더라도 실탄을 장전하지 않는다. 실수로 동료의 목숨을 해칠 수도 있고 싸울 이유도 없기 때문이다. 그리고 약점까지 보여줄 만큼 두려워하지 않는다. 서로 공격하지 않을 거라는 신뢰가 있기 때문이다.

사회생활은 총칼로 서로를 죽이지 않는다. 다만 말로 사람을 죽이기도 하고 살리기도 한다. 말싸움은 멀리 떨어진 사람과의 관계에서 일어나는 것이 아니라 가까운 사람들 간에 생긴다. 그렇기에 가까운 사람일수록 말을 조심하라는 속담까지 있는 것 아니겠는가?

가까운 사람을 해치는 일들은 대개 자기도 모르게 나오는 행동들이다. 이런 사람을 주변에서 봤다면 미련 없이 떠나라. 가까운 사람을 해치는 일들은 다음과 같다.

첫째, 상대를 무시하는 말을 하는 경우다. '모르면 가만 있어, 너 따위는 안 돼, 네가 하기는 뭘 해, 저리 비켜, 네가 알아서 뭐하게, 그래서 어쩌라고, 그것도 몰라?' 등이 상대를 무시하는 말이다. 누구든지 이 말들이 무시하는 말임을 알 수 있다. 마치 장난삼아 던진 돌에 맞아 죽는 개구리처럼 돌이킬 수 없는 상처가 된다.

둘째, 친하다는 이유로 막말을 하는 경우다. 친구의 별명을 부르며 때와 장소를 구분하지 못하고 어린이 다루는 듯한 언행을 한다. 숨기고 싶은 과거사를 들춰서 상처를 덧나게 하는 말도 있다. 이는 곧 '살아보겠다고 땅을 박차고 나온 어린 새싹을 잘라버리는 일'이나 다름없다.

셋째, 예의를 지키지 않는 말을 하는 경우다. 공적인 자리에서 상사의 무능을 공격해서 우습게 만드는 일, 사석에서 부하직원을 무시하는 말, 나이가 많다고 어린 사람에게 막말하는 일 등은 상대를 짓밟는 일이다.

넷째, 지위를 유지하기 위해 상대를 희생시키는 언동이다. 평소에는 최측근이라면서 실컷 부려먹다가 새로운 자리가 생길 때 다른 사람에게 양보하라며 앞길을 막는 것이다. 현재 지위를 유지하기 위해서 측근의 성장을 막는 사람들이 이렇게 행동한다.

다섯째, 따돌리는 사람이다. 등잔 밑이 어둡다고, 친한 척하며 챙겨주는 듯하지만 실제로는 따돌리는 사람이다.

여섯째, 양심이 없는 사람이다. 이런 유형은 다른 사람들에게는 질서를 강조하지만 자기는 지키지 않는다. 자신의 행동은 그 어떤 것이라도 '정의'라고 여기지만 다른 사람은 안중에도 없다. 좋은 것은 내 것이고 나쁜 것은 남의 것이라고 생각하는 것이다. 그리고 잘못을 다른 사람에게 뒤집어씌운다.

일곱째, 개념이 없는 사람이다. 이들은 피아의 구분이 없다. 언행에 두서가 없고, 가까운 사람이 누구인지 서로 지켜야 할 도리가 무엇인지조차 모른다. 여론에 휩쓸리며, 불리하면 곧 자신을 굽힌다. 자기 주장만 내세우고 누구든 자기 생각과 다르면 적으로 간주한다. 말이 안 통하고 목소리로 이기려 든다. 이러한 사람을 친구라고 믿었다가는 호되게 당하고 만다.

허풍을
경계하라

✦ **겁쟁이 사냥꾼과 나무꾼**

사냥꾼이 호랑이의 발자국을 찾고 있었다. 사냥꾼은 나무꾼에게 사자 발자국을 보았는지, 그리고 호랑이가 어디에 사는지 물어보았다. 그러자 나무꾼이 대답했다. "제가 호랑이를 보여드리지요." 사냥꾼은 공포심에 파랗게 질려서 이렇게 말했다. "내가 찾는 건 호랑이의 발자국일 뿐이지 호랑이가 아니오."

사정을 뻔히 아는데도 자기 집에는 황금 송아지가 있고, 왕년에 잘사는 집안이었다며 허풍 떠는 친구들이 있다. 그 말이 사실이 아닌 걸 알면서도 허풍을 들어주는 이유는 뭘까? 바로 허풍 때문에 어색했던 분위기가 풀리고 추억을 회상하는 데 도움이 되어서다. 게다가 악의가 없다는 것을 알고는 별 의미를 두지 않아서다. 그런데 자기가 알고 있던 권력자를 내세우거나 자기 제의를 수락하면 이익이 될 거라고 하는 사람들이 있다. 뭔가 뒤를 노리고 허풍을 치는 사람들이다.

지푸라기라도 잡아야 어려움에서 벗어날 것 같은 사람들에게 이런 제의는 구원의 손길로 보인다. 그러나 그들의 이야기를 곧이곧대로 믿었다가는 사기를 당하거나 난처한 상황에 처할 수 있다. 한 박자 쉬고 찬찬히 생각해보라. 진정한 실력자라면 구태여 다른 사람들을 내세워 일을 꾀하겠는가?

명품 가방을 들고서 돈 많은 행세를 하는 사람들. 경험을 부풀려서 본인의 실력을 과장하는 사람들. 이들에게 몇 가지만 물어봐도 금세 허풍인지를 알 수 있다. 돈 좀 빌려달라고 하면 안색을 바꾸고는 손사래 친다. 구체적인 성공 사례를 보자고 하면 횡설수설한다. 허풍쟁이에게 관련 데이터나 실적을 요구하면 금세 꼬리를 내리고 주장을 증명하지 못한다.

TV나 인터넷에 노출되는 광고, 달콤한 선거 공약, 쇼윈도에 진열된 멋들어진 상품, 그럴듯하게 포장된 자기소개서, 겹겹의 포장지로 싼 선물, 상사의 자신만만한 약속, 마음을 혼란스럽게 하는 각종 이벤트, 문제가 생기면 자신이 책임지겠다는 엉터리 약속 등 우리는 알게 모르게 허풍의 늪에 빠져 살고 있다.

아무리 허풍에서 허덕인다 해도 진정한 고수는 과장하거나 축소하지 않는다. 꾸미지 않고 부풀리지 않는다. 그저 있는 그대로를 보여줄 뿐이다. 반면 하수는 어떠한가? 실력을 부풀리기 위해 과장을 마다하지 않는다. 때로는 상대를 기만해서 이기려고 자신의 실력을 낮춰 말한다. 그러고는 상대의 판단을 흐리게 한다.

우화에서 사냥꾼은 짐짓 용감한 척하며 호랑이가 있는 곳을 알려달라고 했다. 사냥꾼의 요구에 나무꾼은 호랑이가 있는 곳에 함께 가자고 말했다. 그런데 사냥꾼의 호탕함이 허풍으로 들통났다.

우리도 우화의 사냥꾼처럼 호탕함을 보여주고자 나답지 않은 허풍을 보이지 않았는지 생각해보라. 당신이 감당할 수 없는 일을 할 수 있다고 허풍을 떨다가 사냥꾼처럼 낭패 본 일은 없었는가? 허풍쟁이의 기세에 눌려 비밀을 제공하고 낭패 본 일은 없었는지 한번쯤 생각해보자.

"자연스러움보다 더 굉장한 것은 없다. 나는 항상 자연스럽고 간단한 사람만이 위대한 사람이라고 생각한다. 오직 자기 자신에 대한 확신이 없는 자만이 허풍을 부린다"라는 격언처럼, 위대한 사람이 되고 싶다면 자연스럽고 간단하게 행동하라.

잘못된 맹세,
인생을 망칠 수 있다

✦ 까마귀와 헤르메스

덫에 걸린 까마귀가 아폴로에게 "이 상황을 벗어나게 해준다면 향을

바치겠다"고 약속했다. 그러나 까마귀는 위험에서 벗어나자 자기가

했던 약속을 잊었다. 이후 까마귀가 다른 덫에 걸리자 이번에는 헤르

메스에게 "제물을 바치겠다"고 했다. 그러자 헤르메스는 까마귀에게

이렇게 대답했다. "이 못난 녀석! 첫 번째 주인을 져버린 너를 내가 어

떻게 믿겠느냐?"

살다 보면 세상이 좁다는 말을 실감한다. 해외여행 중에 생각지 못한 이웃을 만나기도 하고, 직장을 그만두었는데 전 직장의 동료들을 만나기도 한다. 때로는 이들이 고객이 되어서 만나야 할 상황이 펼쳐지기도 한다. 몇 년간 연락조차 없었던 친구를 고속도로 휴게소에서 만나 깜짝 놀라는 경우도 있다.

우리가 살고 있는 지구가 넓은 듯하지만, 사실 그 어느 곳에서도 지인을 만날 수 있을 만큼 세상은 좁다. 그래서 사람들이 이구동성으로 말한다. "죄 짓고 못 산다"라고 말이다.

우리는 휴대할 수 있는 전자기록장치가 있기에 언제든지 자료를 주고받을 수 있다. 각종 소식이 실시간으로 저장되고 퍼져 나간다. 우리나라에서 일어난 일을 지구 반대편에서도 금세 알 수 있다. 거리는 문제가 되지 않는다.

그런데 이러한 현실을 무시하고 우화의 까마귀처럼 배은망덕한 일을 한다면 용납이 될까? 까마귀의 행동은 어느 곳에 숨어 있든 '배은망덕한 사람'이라는 꼬리표가 따라붙는다. 나쁜 짓을 하고서는 숨을 곳이 없다는 뜻이다.

약속은 지키기 위해서 있는 것이다. 그리고 은혜는 갚기 위해서 있는 것이다. 이를 제대로 행사하지 못하는 사람들을 '신용 없는 사람' '배은망덕한 사람'이라고 부른다. 약속을 지키는 사람의 일상은 편안하고 그렇지 않은 사람은 불안하다. 은혜를 갚는 사람은 마음이 홀가분하다. 사람들 앞에서 떳떳하다. 그러나 은혜 갚는 것을 아까워하거나 받은 것을 모른 척하는 사람의 마음은 찜찜하다. 사람들 앞에 당당히 나서지도 못하고 눈치를 본다.

약속이나 맹세를 모두 지킬 수 있다면 얼마나 좋을까? 그런데 지킬 수 없을 때가 있다. 이때는 미리 양해를 구해야 한다. 일언반구도 없이 입을 닦아버리는 행위는 신용을 버리는 일이다. 배은망덕의 길로 들어서는 발걸음이다.

거짓 맹세에 익숙한 사람은 약속 어기는 일을 부끄러워하지 않는다. 약속을 지킬 수 없을 때가 있다며 스스로를 정당화한다. 그럴듯한 말로 거짓을 진실인 양 포장한다. 받기만 하고 주는 일에 익숙하지 않은 사람은 갚아야 하는 것을 아깝다고 여긴다. 그래서 갚아야 할 상황을 의도적으로 미룬다.

바쁘다며 자기가 한 맹세를 헌신짝 버리듯 한다면 약속이 무슨 의미가 있을까? 현실이 아무리 힘들어도 자신의 맹세를 지키겠다는 원칙을 만들어라. 은혜를 입었다면 감사한 마음으로, 언젠가 보답하겠다는 자신만의 원칙을 만들어라. 받는 사람보다 주는 사람이 더 많은 행복을 느낀다는 것을 깨닫고, 사랑을 받기보다 주는 사람이 되겠다는 생활 철학을 세워라.

나는 물론이고 다른 사람에게도 함부로 맹세하지 마라. 하늘을 두고도 함부로 맹세하지 마라. 만일 맹세를 했다면 반드시 지키겠다고 다짐하고 신중하게 맹세하라. 보증을 잘못 섰다가 평생 고생하듯이 잘못된 맹세 때문에 당신의 인생을 망치지 마라.

친구의 어려움을
외면하는 사람은 멀리하라

✦ **여행자와 곰**

두 친구가 길을 가던 중에 갑자기 곰 한 마리가 나타났다. 한 명은 재빨리 나무 위로 올라가 몸을 숨겼다. 다른 한 명은 곰에게 잡히려 하자 땅에 엎드리고는 죽은 척을 했다. 곰이 얼굴을 들이대고 여기저기 냄새를 맡았다. '곰은 시체에는 손을 대지 않는다'라고 알고 있던 한 사람은 숨을 꾹 참았다. 그제야 곰이 멀리 갔고 나무 위에 있던 사람이 내려왔다. 그런 다음 곰이 귀에다 대고 뭐라고 했는지 물었다. 그는 이렇게 대답했다. "앞으로 위험할 때 달아나는 친구와는 여행하지 말라고 하더군."

동물은 어미가 되면 본능적으로 자기 새끼를 보호한다. 특히 새끼가 위험에 처해 있다면 평소에는 없던 초월적인 힘을 보이기도 한다. 몸집이 작은 다람쥐가 새끼를 잡아먹으려 하는 여우에게 달려들어 새끼를 구출하기도 한다. 평소에는 상상도 못할 일이 '새끼와 어미'라는 관계 때문에 일어나는 것이다.

어미는 새끼의 먹이를 구하기 위해서 생명의 위험도 마다하지 않는다. 새끼를 안전하게 키우고자 땅굴을 깊이 파거나 나무 위에 둥지를 틀어서 천적의 침입으로부터 보호한다. 인간도 동물과 다름없다. 여성은 임신한 순간부터 출산할 때까지 음식을 가려먹고 언행까지 조심한다. 뱃속의 아이가 세상에 나오면, 엄마는 젖을 먹이고 아이에게 온 신경을 집중시킨다. 심지어 한 노모는 불혹을 넘긴 아들이 걱정되어 이렇게 말하기도 한다. "건널목을 건널 때 조심하라"고 말이다.

형제자매가 많은 집을 한번 보자. 대개 아이들이 티격태격하는 일이 잦기 때문에 집 안이 어수선하다. 그런데 형제 중에 한 명이 다른 집 아이와 싸우고 오면 형제는 힘을 모은다. 이는 부모, 자식, 형제라는 혈연관계로 맺어졌기에 가능한 일이다.

그런데 혈육관계가 아니어도 이런 행동이 본능적으로 나올까? 아마도 비슷한 싸움이 일어나면 상대를 도와주기보다는 분쟁에 말려들지 않아야겠다는 생각을 먼저 할 것이다.

우화에서 곰의 공격을 받은 사람은 나무 위로 재빨리 올라가 대피했다. 민첩한 상황 판단은 최고의 선택이었다. 또 다른 한 명은 도망가지 못했지만 기지를 발휘해 위험에서 벗어났다. 그 역시 적절한 상황 판단으로 최선의 선택을 한 것이다.

만일 이들이 부자간이었다면 어떻게 했을까? 나무 위로 올라간 사람이 아버지라면 아들을 살리기 위해 곰의 시선을 자기에게 돌리려 하지 않았을까? 엎드려 있던 아들은 아버지가 나무에서 내려와 곰의 시선을 돌리고자 애쓰는 모습을 보고 마음을 졸였을 것이다. 위험에서 벗어난 부자는 서로를 끌어안고 감격의 눈물을 흘리지 않았을까?

우화에서 여행자들은 각자의 위치에서 기지를 발휘해 목숨을 지켰다. 그리고 서로가 살았다는 사실에 안도했다. 다만 도움을 받지 못한 점에서는 서운해했다. 이는 피붙이가 아니기에 당연히 드는 마음일 것이다.

만일 두 여행자가 힘을 합쳤으면 곰에 대적할 수 있었을 것이다. 그런데 한 사람이 도망쳤다면 도망친 사람은 의리가 없는 나쁜 사람이다. 만약 두 사람의 힘으로도 곰을 상대할 수 없다면 도망가는 것이 현명하다. 곰에게 달려들어 모두 희생당한다면, 이 얼마나 어리석은 일이겠는가?

사람은 기질과 성격이 다르다. 의협심이 강한 사람이 있는가 하면 소심한 사람이 있다. 의협심이 강한 사람들은 지하철 선로에 떨어진 사람을 구하기 위해 과감히 뛰어내리기도 한다. 이들은 상대가 누구든 상관없다. 위험을 보고는 그냥 지나치지 못한다. 그렇다고 발만 동동 구를 뿐 행동으로 못 옮기는 사람을 '비겁하다'라며 매도해서는 곤란하다. 도와주지 않았다고 비겁한 사람인 것은 아니다. 이들도 자신의 피붙이가 똑같은 상황에 처하면 다람쥐가 여우에게 달려들 듯 물불 가리지 않을 것이다.

친구는 돈으로 살 수 없는 귀중한 자산이다. 만일 당신을 제 목숨처럼 소중하게 여기는 친구가 한 명이라도 있다면, 당신은 참으로 행복한 사람이다. 그런데 위험에 처한 친구를 보고도 자기만 살겠다며 혼자서 빠져나가는 사람, 사정이 좋을 때는 간이라도 빼줄 듯하지만 어려울 때는 코빼기도 안 보이는 사람, 오직 자기만 생각하고 어려움에 처한 친구는 외면하는 사람. 이런 사람들은 가까이 하지 마라. 그저 손해만 볼 뿐이다.

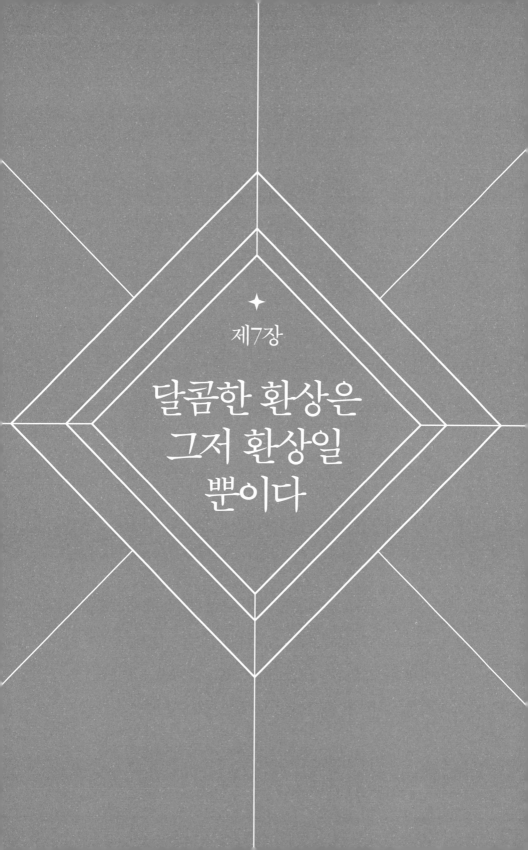

제7장

달콤한 환상은
그저 환상일
뿐이다

우리의 인생에
순수만 있는 것은 아니다

✦ 말과 황소와 개와 사람

제우스가 사람을 만들 때 짧은 수명을 주었다. 인간은 지능이 발달하면서 추운 겨울이 오면 집을 짓고 그 안에서 살았다. 어느 날, 추위가 거세지고 폭우가 쏟아졌다. 더 이상 참을 수 없었던 말은 인간의 집으로 달려가 "추위를 피하게 해달라"고 간청했다. 그러자 사람은 한 가지 조건을 내걸었다. "말이 타고난 수명의 일부를 달라"는 것이었다. 말은 기꺼이 수명의 일부를 주었다.

잠시 후, 궂은 날씨를 견디기 힘들었던 황소도 나타났다. 사람은 마찬가지로 황소가 가진 수명에서 상당량을 주지 않으면 받아주지 않겠다고 했다. 황소는 사람에게 수명의 일부를 주었다. 마지막으로 얼어 죽을 것 같은 개도 와서 자기 수명의 일부를 건네고 피난처를 얻었다. 그 결과 사람은 제우스가 준 시간에는 순수하고 착하게 살고, 말에게 받은 시간에는 영광스럽고 거만하게 살았다. 그리고 황소한테 받은 시간에는 명령을 들으며 살고, 개한테 받은 시간에는 걸핏하면 화를 내고 투덜거리며 살았다.

어린아이를 생각해보자. 아이는 보이는 것이 전부 신기한 대상일 것이다. 그래서 보이는 것마다 만지고 싶고 먹고 싶어서 손을 내민다. 손에 쥔 것을 입으로 가져가 맛부터 본다. 배가 고프면 울고, 용변이 마려우면 언제 어디서라도 배설한다. 이것이 실례라는 것을 인식하지 못한다. 잠이 오면 어디에서든 잔다. 가지고 싶은 것이 있으면 줄 때까지 떼쓰기도 한다.

모르는 것이 있으면 계속 물어보고 주위 사람들이 귀찮아해도 개의치 않는다. 먹이를 찾느라 열심히 일하는 개미를 보고서도 별 생각 없이 발로 밟기도 한다. 이렇게 어린아이에게 세상이란 '자기를 위해 존재하는 것'이다.

학교에 입학하면 하기 싫은 공부도 해야 하고 졸려도 참아야 한다. 시험을 볼 때 모르는 문제가 나오면 옆자리에 앉은 친구의 답안지를 훔쳐보기도 한다. 친구의 필요성을 알지만 마음에 안 드는 친구를 따돌리기도 하고, 때로는 따돌림을 당하기도 한다.

순수했던 아이는 점차 세상에 적응해가고 청년의 시기로 들어선다. 이성에 눈을 뜨면 사랑의 달콤함과 이별의 쓰라림을 맛본다. 청춘일 때는 지나간 세월은 보이지 않고 마냥 앞으로 나가려 한다. 가진 것은 별로 없지만 기가 죽거나 물러서지 않는다.

거침이 없고 당당하며 세상은 자신을 위해 존재하는 것처럼 보인다. 세상에 자신을 뽐내고 싶고, 더 높이 날고 싶고, 더 멀리 가고 싶을 따름이다. 앞선 세대는 새로운 시대를 막는 걸림돌이라 여길 뿐, 고삐 풀린 망아지처럼 동분서주한다. 이렇게 날뛰다 맹수의 밥이 될 뻔한 위험에 처하기도 한다. 결국 '세상이란 내 뜻대로 움직이지 않는 것'임을 깨닫고, 세상에는 친구만이 아니라 나를 해치려는 적들도 있다는 것을 느낀다.

우리는 무리에 속해 있다. 조직(무리)의 보호가 있을 때 안전한 생활을 보장받고, 사회인으로 거듭난다. 조직에 들어가서는 날뛰며 뽐내는 것만이 용기가 아님을 깨닫는다. 그래서 중간에 서서 자기 이익을 챙기는 평범한 사람으로 거듭난다. 세월이 흐르면서 자신도 모르게 조직의 중심에서 변방으로 밀려나 비주류가 되는 치욕을 맛보기도 한다.

나이가 들면 정년 후의 삶을 생각한다. 그래서 불안해한다. 때로는 열심히 일한 대가가 보잘것없다고 허탈해한다. 그런데 이때는 떼를 쓰거나 투덜거려도 누구도 알아주지 않는다.

맑은 강물은 때로 흙탕물이 되기도 하고, 조용히 흐르던 강물이 급류로 변하기도 한다. 잘 흘러가던 강물이 가끔 웅덩이에 갇혀 숨을 죽이기도 하고, 계곡을 미끄러져 내려오며 소리를 지르기도 한다. 이처럼 정체와 흐름이 없다면 강물은 살아 있는 물이 아니다. 죽은 물, 썩은 물이 될 것이다.

삶도 흐르는 강물과 같다. 소리 지를 때가 있고 잠잠할 때가 있다. 그렇기에 그 삶에 변화가 있고 생기가 넘친다. 소위 잘나갈 때도 있고 뒤처질 때도 있다. 그러니 뽐낼 순간이 있으면 맘껏 뽐내보라. 세상을 향해 자랑을 하고 자신을 마음껏 위로하라. 짜증이 나면 참지 말고 감정에 솔직해보라. 현실에서 잘되고 못되는 것에 일희일비하지 마라. 그저 겸허히 받아들이자. 이것이 우리의 인생사이고 그 덕에 우리가 살아 있음을 느끼기 때문이다.

세상에는
선인과 악인이 공존한다

✦ **프로메테우스와 인간**

프로메테우스가 제우스의 명을 받아 인간과 동물을 만들었다. 잠시

뒤 동물의 수가 너무 많다고 느낀 제우스는 프로메테우스에게 동물

중 일부를 사람으로 바꾸도록 했다. 프로메테우스가 명을 받들자 사

람의 형상이 되었다. 그러나 동물의 마음을 가진 사람들이 생겨났다.

강아지는 주변에 누가 있건 말건 상관없이 소변을 본다. 그런데
사람은 주위에 누가 있는지 살핀다. 아무도 없으면 어떻게 할지
망설일 때도 있다. 그런데 대부분은 일단 참고 화장실을 찾는다.

동물은 본능에 따라 행동한다. 배가 고프면 일단 먹고 본다. 먹이가 누구의 것이든 상관하지 않는다. 그저 '먼저 먹는 놈이 임자'다. 그런데 인간은 동물과 다르다. 선악을 구별할 수 있는 이성이 있다. 그래서 동물처럼 본능에 따라 행동하지 않고 자제심을 발휘한다. 내 것이 아닌 물건에는 손대지 않는다.

돼지를 아무리 깨끗하게 목욕시켜도 소용없다. 언제 목욕을 했고, 왜 목욕을 해야 하는지조차 모른다. 그래서 방금 목욕을 했어도 먹이가 보이면 구정물에 들어간다. 사람은 어떠한가? 어린아이일지라도 깨끗한 옷을 입으면 옷이 더러워지지 않게 행동을 조심한다. 그리고 매일 세수를 하고 주변을 정리한다.

사람들이 이성적으로 행동하고 도덕 규칙을 따른다 해도 동물적인 본성이 완전히 사라진 것은 아니다. 숨겨진 짐승의 본성이 자극을 받으면 행동으로 드러나기도 한다. 그래서 착하게만 보였던 이웃이 강도, 강간, 살인 등을 저지른 파렴치한 범죄자라는 것을 알고는 깜짝 놀랄 때가 있다.

마음에는 여러 가지의 자아도 있다. 천사 같은 자아가 있는가 하면 악마 같은 자아가 있다. 평소에 온순하던 사람도 술에 취하거나 예기치 못한 상황에 처하면 악마 같은 험악한 행동도 한다. 평소에 사람들을 윽박지르며 주변의 분위기를 험악하게 만드는 악마 같은 사람도 구걸하는 사람을 보고는 돈을 던져주기도 한다.

아무리 친한 친구라도 삼가야 할 것은 삼가고 지켜야 할 것은 지켜야 한다. 함부로 대해서는 안 된다. 지렁이도 밟으면 꿈틀거리 듯이 마음속에 숨어 있던 야수의 마음이 밖으로 튀어나와 어떤 일을 저지를지 아무도 모른다.

프로메테우스는 짐승 일부를 사람으로 만들었다. 그런데 우리는 그들이 누구인지 모른다. 그들이 나일 수도 있고, 친구일 수도 있고, 모르는 사람일 수도 있다. 그러니 누구나 사람다운 사람이라고 생각해서는 안 되고, 누구나 짐승 같은 사람이라 생각해서도 안 된다.

내가 나쁜 사람이라고 해서 다른 사람들도 나쁜 사람으로 여겨서는 안 된다. 내가 선하다고 해서 다른 사람들도 모두 나와 같을 것이라 여겨서도 안 된다. 누구나 천사 같은 사람, 사람 같은 사람, 짐승 같은 사람이 될 수 있다고 생각해야 한다. 그리고 내가 천사 같은 사람, 사람다운 사람이 되어야 한다. 그럴 때 프로메테우스가 짐승으로 만든 바로 그 사람일지라도 짐승이 아닌 사람, 사람다운 사람으로 살게 될 것이다.

세상에는
피치 못할 거짓말도 있다

✦ **여행자와 진실**

한 여행자가 사막을 걷던 길이었다. 여행자는 눈을 내리깔고 외롭게 서 있는 한 여자를 만났다. 그가 물었다. "당신은 누구시오?" 그러자 그녀가 대답했다. "진실입니다." 여행자는 "무슨 이유로 마을을 떠나 사막에서 살고 있소?"라고 물었고 그녀가 대답했다. "옛날에는 거짓말쟁이가 아주 적었지요. 허나 지금은 누구와 말을 해도 모두가 거짓을 말합니다. 그래서 마을을 떠나 살고 있습니다."

폭우가 쏟아지면 한강은 온갖 잡동사니와 흙탕물로 뒤덮인다. 그런데 며칠만 지나면 언제 그랬냐는 듯이 맑아진다. 평소에 한강은 수영을 할 수 있을 정도로 맑은 편이다. 물고기가 고개를 물 밖으로 내밀고, 어미 물오리가 새끼들과 유유히 떠다니기도 한다.

그런데 정수기에서 나오는 물만 한강에 흐른다면 물오리는 무엇을 잡아먹으며 살까? 먹을 것 하나도 없는 한강이라면 물고기는커녕 미생물조차 못 사는 죽음의 강이 될 것이다. 순수한 물이 아니기에 온갖 생명체의 거처가 된 것이다. 그래서 한강은 서로 잡아먹고 잡아먹히기도 하면서 생명이 살고 있는 강으로 유지되고 있다.

출근 시간대의 지하철은 발 디딜 틈이 없을 만큼 붐빈다. 수많은 사람이 전동차 안에서 숨을 들이쉬고 내뱉는다. 여기에는 젊은이, 늙은이, 환자, 건강한 사람, 기침을 하는 사람, 방귀를 뀌는 사람 등 다양한 사람들이 있다. 내가 마시는 공기는 다른 사람의 입과 코를 들락날락하던 공기다. 그래서 공기가 더럽다고 생각하는 사람이라면, 개인 산소통을 지고 지하철을 이용하거나 자가용을 타고 다녀야 할 것이다.

진실만이 정의이고 거짓말은 이 세상에서 사라져야 하는 존재일까? 의사는 대개 환자가 낙심할 것을 우려해서 듣기 좋은 거짓말을 하기도 한다. 전쟁의 기술을 기록한 『손자병법』은 대개 상대방을 속이는 내용들로 이루어져 있다. "기만전술을 적에게 알리는 장수는 없다." 이는 세상에는 피치 못할 거짓말도 있다는 뜻이다.

가짜가 판을 치는 세상이다. 어떤 것이 진짜이고 가짜인지 구별하기 어렵다. 가짜가 진짜로 둔갑하거나 진짜가 가짜로 오인되기도 한다. 뻥튀기가 난무하고 사기꾼과 거짓말쟁이가 백주에 활보한다. 성형수술로 얼굴조차 그대로 믿을 수 없다. 악화가 양화를 구축하듯, 거짓이 진실을 매몰시키기도 한다. 이렇다 보니 사람들은 벌거숭이 임금님처럼 속고 있다는 것조차 모른다.

거짓이 싫다고 현실에서 도망치는 일이 과연 현명할까? 너무 힘들고 피곤해서 어쩔 수 없는 상황이라면 잠시나마 피하는 것이 상책이 될 수도 있다. 모든 것을 내팽개치고 세상을 등지고 살 수 있는 능력이 있다면 속세를 떠나 사는 것도 한 방법이다.

그렇지만 진실을 지킨다는 얄팍한 명목을 내세워 현실을 외면하는 것이 옳은 것은 아니다. "사람들은 작은 거짓말보다 큰 거짓말에 더 잘 속는다"라는 아돌프 히틀러의 말처럼, 사소한 거짓에 목매다가 큰 것을 잃을 수 있으니 명심하라.

기쁨과 슬픔은
동전의 양면이다

✦ **돌멩이를 낚은 어부들**

어부들이 그물을 잡아당기고 있었다. 그들은 그물이 무거운 걸 보고 수확이 좋으리라 생각해 기뻐했다. 그런데 그물을 물 밖으로 꺼내보니, 돌멩이와 잡동사니뿐이었다. 어부들은 예상과 다른 상황에 난감했다. 그들 중 나이든 사람이 말했다. "그만 슬퍼하시게 친구여. 기쁨은 슬픔을 동생으로 두고 있나 보오. 우리가 먼저 너무 기뻐했다면 그 반대를 얻을 수도 있다는 걸 명심해야 하네."

축구 경기를 생각해보자. 경기 내내 공격과 수비가 펼쳐진다. 때로는 선수들 간에 과격한 몸싸움이 일어나고 상대편 선수의 태클에 부상을 입기도 한다. 경기에는 승리하는 팀이 있고 패배의 잔을 마시는 팀이 있다. 화려한 멤버를 자랑하며 연승을 기록하던 호화 군단도 신생 약팀에게 패배할 때가 있다. 상대 팀보다 골을 더 넣지 못하면 패배를 받아들여야 하는 냉혹함이 도사리고 있다.

우리의 인생은 어떤가? 한 장소에서 똑같은 일을 하면서도 성공하는 사람이 있는가 하면 실패하는 사람도 있다. 실패하는 사람이 일을 대충했다면 억울하지는 않을 것이다. 그러나 애석하게도 똑같이 최선을 다했지만 결과가 다른 경우가 있다.

학창 시절에 공부를 못한다고 무시당한 친구가 있다. 그런데 어느 날 동창회에 고급 승용차를 몰고 나타났다. 그만큼 어제까지만 해도 불가능하다고 포기했던 일이 오늘은 생각보다 손쉽게 해결되기도 한다.

기쁨과 슬픔은 마치 손바닥과 손등 같다. 동전의 양면이나 형제지간 같다. 정책 실패로 장관이 실각하면 등 뒤에서 슬며시 웃는 사람이 있다. 차관이나 그 자리를 호시탐탐 노리는 사람들에게는 승진이나 발탁의 기회가 온 것이기 때문이다. 언니가 결혼을 하면 동생은 언니와 사용하던 방을 혼자 쓸 기회를 잡는다. 남편한테 금반지를 선물 받고 기뻐하면서 모임에 나갔는데, 다른 친구가 다이아몬드 반지를 선물 받았다며 자랑하는 바람에 그 기쁨이 사라지기도 한다. 똑같은 일이라도 상황에 따라 기쁨이 되기도 하고 슬픔이 되기도 한다. 세상에 경쟁 상대가 있기에 그렇다.

스포츠도 마찬가지다. 비록 패배했더라도 다음 경기를 준비하는 것처럼, 사람들은 슬프고 속상한 일을 겪어도 성공의 기회를 얻고자 애쓴다. 실패했다고 주저앉아 있으면 누구에게 손해일까? 자기만 손해다. 상대방은 당신이 실수할 때를 기다리고 기회로 삼아 달려든다. 심지어 슬픔에 잠겨 주저앉아 있는 당신이 다시는 일어나지 못하게 공격을 퍼붓기도 할 것이다. 때로는 실패의 늪에서 허우적거리는 당신을 위로하려 들기도 할 것이다. 당신이 불쌍하고 애처롭게 보이기 때문이다. 혹은 체면치레로 하는 위로일 수도 있다. 사람들은 당신의 실패에 공감하는 것이 아니다. 그저 당신이 어떻게 처신하는지 구경할 뿐이다. 단지 공감하는 척하는 것일 수도 있다.

우화에서 어부들은 그물을 거두었을 때 돌멩이가 올라왔다며 한숨만 쉬지는 않았을 것이다. 돌멩이를 내다버리고 그물을 정비한 다음, 물속으로 다시 던졌을 것이다. 빈 그물에 실망하더라도 금세 잊어버리고 열심히 던지고 또 던진다.

실패했다고 주저앉지 마라. 그곳이 흙탕물이라면 옷만 더러워질 뿐이다. 만약 옷이 더러워졌다 해도 두 손을 짚고 과감하게 일어나라. 누가 당신을 일으켜주겠는가? 길 가는 사람일까, 가족일까, 친구일까? 물론 이들이 당신을 일으켜 세울 수는 있다. 그렇지

만 이런 일도 한두 번이다. 계속 주저앉은 채 도움의 손길만 기다
린다면 그들도 귀찮아하거나 피하려고 할 것이다. 그러므로 주변
사람들의 손을 빌리겠다는 기대를 하지 마라.

당신이 실패한 그 자리를 누군가가 채워주지 않는다. 실패를 채
울 수 있는 사람은 바로 당신뿐이다. 당신만이 그 자리를 정리할
수 있고, 당신만이 마음을 평온한 자리에 가져다 놓을 수 있다. 그
렇기에 실패했다고 절대 주저앉지 마라. 그리고 명심하라. 우리의
인생에 항상 성공만이 있는 것은 아님을…. 하는 일마다 성공한다
면 누가 노력하겠는가? 그리고 당신에게 말하라. "이까짓 것 다시
하면 그만이지."

희망에도
바른 자세가 필요하다

✦ 갈까마귀와 여우

굶주린 갈까마귀가 무화과 나무 위에 앉았다. 아직 초록색인 무화과를 보고 갈까마귀는 무화과가 익기를 기다렸다. 여우가 오랫동안 그곳에 있는 갈까마귀를 보고 이유를 물었다. 그러고는 이유를 알게 된 여우가 말했다. "당신은 틀렸어. 희망은 환상을 만족시키지만 먹을 걸 주지는 않아."

우리는 아침에 일어나면서 '오늘은 뭔가 잘될 것이다'라는 희망을 품어본다. 비록 걱정거리가 머릿속을 헤집고 다닐지라도 한 가

닥의 희망을 찾아내려 애쓴다. 실낱같은 희망 때문에 불치병 환자도 링거를 맞으면서 아픔을 견디는 것 아닐까? 희망이란 다가올 일에 대해 좋은 결과를 기대하는 일이다. 지금 이 순간의 고통보다 더 나은 미래를 기대하는 일이다.

희망이란 가능성에 대한 믿음이다. 가능성을 믿기에 긍정적으로 생각하며 활동할 수 있다. 그러나 절망이란 미래에 잘될 것이란 믿음이 없고 내일에 대한 기대도 없다. 그렇기에 소극적으로 행동할 뿐이다.

희망은 지금보다 더 나은 미래를 찾아서 떠나는 것이자 미래가 오길 기다리는 것이다. 그렇기에 희망이 있는 사람에게는 미래에 대한 설렘이 있다. 희망이 없는 사람은 미래를 맞이하는 것이 두렵고 기다림이 지겹다. 현재의 상황이 괴롭고 그저 지나가기를 바랄 뿐이다.

희망은 두려움을 이긴다. 희망이란, 연료를 가득 채운 승용차를 운전하는 것과 같다. 그래서 멀리 간다 해도 두렵지 않다. 길이 막히더라도 초조하지 않다. 그저 정체가 풀리기를 여유롭게 기다린다.

반면 희망이 없는 삶은 어떨까? 현재의 정체가 괴롭고 풀리지 않을까 봐 초조하다. 희망이 있는 사람은 불확실한 상황에서도 가능성을 찾아낸다. 세상은 불확실성의 연속이란 것을 인정하며, 불확실을 확실함으로 전환하기 위한 기회가 있다고 생각한다. 그러나 희망이 없는 사람은 눈앞에 보이는 현실의 희망만이 확실한 희망이라 생각하고, 보이지 않는 불확실한 것은 희망이 아니라고 여긴다.

희망의 결실을 맛본 사람들은 '산은 올라가야만 정상에 이른다'는 사실을 인정하고, 일단 집을 나서 산을 오른다. 외국으로 유학을 가고 싶으면 필요한 자격을 갖추고 입학 원서를 낸다. 이들은 장밋빛 청사진만 보지 않는다. 그 청사진에 제시된 것에 따라 움직인다.

그러나 희망의 결실을 맛보지 못한 사람은 어떨까? 자신이 원하는 것을 바라보고만 있으면 이루어질 것이라 착각한다. 그래서 그 자리에서 세월만 허비할 뿐이다.

희망은 미래 지향적이되 현실에 바탕을 두어야 한다. 막연한 기대로 현실을 무시하는 것은 희망이 아니다. 먹고살 것도 없으면서 미래만 생각해서는 안 된다. 일단 눈앞에 펼쳐진 현실도 봐야 한다. 먹을 것이 없으면 구걸이라도 해서 살아야 한다. 그저 바닥에 쓰러져 있으면 희망이 무슨 소용 있겠는가?

희망으로 가는 길에는 고속도로만 있지 않다. 구불구불한 길, 막다른 길, 낭떠러지 길, 오르막길, 내리막길이 있다. 마음속에는 '두려움'이라는 걸림돌이 있다. '망설임'이라는 악마도 기다리고 있다. '게으름'이라는 달콤한 유혹도 도사리고 있다.

그럴듯한 희망이 눈앞에 보인다 해도 우화의 갈까마귀처럼 언제 익을지 모르는 무화과를 한없이 바라보며 세월만 보낼 수는 없다. 차라리 다른 과일 나무를 찾든지, 벌레를 찾아 허기를 면하면서 무화과가 익기를 기다리는 게 낫지 않겠는가?

평온 속에도
폭풍우가 도사리고 있다

✦ 목동과 바다

양떼를 몰던 목동이 잔잔한 바다를 보면서 항해하는 꿈을 꾸었다. 결국 목동은 양을 팔아 대추야자 열매를 샀고 항해를 시작했다. 그런데 거센 폭풍으로 배가 침몰할 위기에 처했다. 목동은 짐을 전부 바다로 던져버린 후에야 목숨을 건질 수 있었다. 육지에 도착하자 어느 한 사람이 고요한 바다를 보고 감탄했다. 이 모습을 본 목동이 말했다. "보아하니 바다는 더 많은 대추야자 열매를 바라나 봅니다. 그래서 저렇게 고요하게 있는 거지요."

잔잔한 바다 위에 배가 지나가는 모습은 아름답다. 때로는 선장이 되어서 파도를 마주하며 오르내림을 느끼고 싶을 때가 있다. 한여름의 한강에서는 '나비가 군무를 추며 날아가는 듯한' 서핑보드의 광경이 펼쳐진다. 그 광경을 보고 있노라면 행복이 가슴을 파고든다.

그런데 평온함도 태풍이 밀려오면 사라지고 만다. 바다는 산산조각이 나고 홍수로 범람된 한강은 흙탕물로 변한다. 정겨운 소리를 내며 흘러가던 개울물은 우레 같은 소리로 사람들의 간담을 서늘하게 만든다. 쏟아지는 물은 집이며 축사며 생활 터전을 한순간에 쓸어버린다.

우리는 어릴 때부터 '고통은 참아야 한다'고 들으며 자랐다. 감정을 억제하고 마음의 평정을 유지하기 위해 기도나 명상을 하라고 배웠다. 그럼에도 불구하고 감정의 뇌관이 자극을 받으면 '참아야 한다'는 마음과 '표출하고 싶다'는 마음이 갈등한다. 이때 표출하고 싶다는 마음이 세지면 마음속에서 웅크리고 있던 감정이 폭발한다.

친구 간에 상대방의 배우자를 칭찬할 때가 있다. 그럴 때면 당사자는 "한번 같이 살아봐"라며 핀잔하기도 한다. 함께 살아보지 않고서는 어떤 면이 있는지 모른다는 뜻이다. 행복해 보일지라도 저마다 말 못 할 사연들이 있다. 경제적 어려움, 자녀 문제, 직장 문제 등 가지각색의 문제들이 있다. 고생해본 적 없어 보이는 사람일지라도 성공의 이면에는 폭풍우를 맞아 좌초하고 이를 극복한 내력이 있었다고 고백한다.

어른들은 젊은이에게 "세상을 만만하게 보지 말라"고 충고한다. 언제 어디서 어떤 고난이 닥칠지 모른다며 말이다. 그런데 막상 젊은이한테는 와닿지 않는다. 황금빛 미래만이 눈앞에 보일 뿐이다. 어른들의 말은 그저 '구세대의 잔소리'로 들릴 뿐이다.

세상에는 어른들이 말하는 역경만 있는 것이 아니다. 그렇다고 젊은이들이 생각하는 황금빛 미래만 있는 것도 아니다. 평온을 지나치게 믿어서는 안 된다. 그렇다고 폭풍우를 너무 겁낼 필요도 없다. 어른들의 시대와 달리 지금은 폭풍우를 만나지 않을 수도 있다. 설령 폭풍우를 만난다 해도 지금은 극복할 수 있는 선박과 발달된 항해 기술이 있지 않은가? 그렇기에 과거의 부정적인 경험 때문에 모든 일을 부정해서는 안 된다. 그리고 평온 속에도 폭풍우가 도사리고 있다는 사실을 기억해야 한다.

저마다 특징이 있음을
인정하라

✦ **제비와 까마귀**

제비와 까마귀가 서로 자기가 아름답다며 다투었다. 제비가 나름의

이유를 대자 까마귀가 대꾸했다. "너의 아름다움은 봄에만 피어나지.

하지만 나는 겨울에도 아름다움을 간직한단 말이야."

누구나 저 잘난 맛에 사는 세상이다. 대통령은 대통령대로, 9급 공무원은 9급 공무원대로의 삶이 있고 자부심이 있다. 어린이는 자신의 주장을 펴고 몇몇 어르신은 고집을 꺾지 않는다. 그런데 다른 사람과 나를 비교하는 순간, 갈등이 생긴다. 자기 일에 충실했던 사람일지라도 입사 동기가 임원이 된 모습을 보면 기분이 좋지 않다. 상대적 결핍이 내 지위를 보잘것없게 만든다.

똑같은 길을 똑같은 방법으로 가는 것이 올바른 인생은 아니다. 이 사실을 인정하지 않을 때 마음은 변덕을 부린다. 하늘 높이 날며 아름다운 노래를 부르는 종달새를 생각해보자. 사실 그 모양은 보잘것없다.

반면 아름다운 자태로 사람들의 눈을 현혹시키는 잉꼬는 그 소리가 형편없다. 그럼에도 이들은 서로를 비교하지 않는다. 종달새는 모양에 기죽지 않고 잘하는 노래를 열심히 부르고, 잉꼬는 목소리에 아랑곳하지 않고 자태를 뽐낸다. 굵고 짧게 살려는 사람이 있는가 하면, 가늘고 길게 살겠다는 사람도 있다. 누구의 삶이 좋은 삶일까? 둘 다 그럴듯하다. 당사자가 아니면 판단할 수 없는 가치관의 문제다.

나무는 오래될수록 품위가 느껴진다. 꽃은 오래되면 시들어서 볼품없어진다. 나무는 긴 세월 동안 풍상을 겪으며 몸통이 굵어지고, 가지와 잎을 내면서 의젓하게 자란다. 꽃은 한 시절에 활짝 피었다가 사라진다. 봄에 피는 꽃이 있는가 하면 겨울에 피는 꽃이 있다. 계절에 상관없이 푸르른 사철나무도 있다. 어느 것이 더 아름답고 소중하다 말할 수 있겠는가?

우리의 삶도 마찬가지다. 청년기에 일찍 결실을 맺는 사람이 있는가 하면, 중년 이후에 성공하는 대기만성형도 있다. 플로렌스 나이팅게일처럼 아픈 사람을 위해 온몸을 불사르는 사람이 있는가 하면, 새벽에 거리를 청소하면서 가족을 부양하는 사람도 있다.

누구의 삶이 아름다운가? 누가 이들의 삶을 평가할 것인가? 자신이 아름답다고 생각하면 아름다운 삶이 되는 것이다. 이 삶을 다른 사람들이 평가한다면 얼마나 가슴 졸이는 삶이 되겠는가?

우화에서 제비와 까마귀는 서로 자기가 아름답다고 다투었다. 이들은 상대의 특징을 인정하지 않았다. 그저 자신을 앞세우고 상대를 깎아내리는 데 바빴다. 그런데 이들의 다툼이 남의 이야기가 아니다. 나의 이야기이자 당신의 이야기, 우리의 이야기다.

운동을 잘하는 사람은 운동선수가 되고, 글쓰기를 잘하는 사람은 작가가 되고, 그림을 잘 그리는 사람은 화가가 되며, 경영에 소질이 있는 사람은 경영자가 되고, 리더십이 있는 사람이 정치가가 되었다고 인정하면 되지 않겠는가? 작가가 화가의 삶을 비하할 수 있겠는가? 정치가가 경영자의 삶을 보람 없다며 낮추어 말할 수 있겠는가? 서로의 다름을 인정해야 한다. 그리고 자신의 잣대로 타인을 평가하는 태도를 지양해야 한다.

양보다
질로 승부하라

✦ **암사자와 여우**

여우가 암사자를 보고선 새끼를 한 마리밖에 못 낳는다고 비웃었다.

그러자 암사자가 대답했다. "비록 한 마리지만 초원을 호령하는 사자

라오."

영어회화를 공부하겠다는 각오를 다지고 여러 권의 책을 사서 공부하는 사람들이 있다. 동료가 좋다고 하는 교재라면 무조건 산다. 그런데 그렇게 모은 책을 처음 몇 장만 공부하고 끝까지 보지 않는다는 게 문제다. 진짜 공부를 하는 사람들은 다른 사람의 말

에 흔들리지 않는다. 마음에 드는 책을 직접 선택하고 몇 번이고 끝까지 본다. 여러 권을 찔끔찔끔 보느라 시간을 낭비하지 않는다.

스스로를 옭아매야 실천한다는 강박관념 때문에 수시로 결심을 하는 사람들이 있다. 건강을 위해서 하루에 몇 시간 운동을 하겠다, 전공 지식을 쌓기 위해 한 달에 몇 권의 책을 읽겠다, 부모님께 일주일에 두 번 전화하겠다, 퇴근 후에 전공 세미나에 다니겠다, 정서 함양을 위해 기타 학원에 다니겠다는 등 그 결심은 다양하다. 그런데 며칠은 잘하다가도 작심삼일이다. 유혹에 넘어져 결심은 유야무야되고 만다.

왜 그럴까? 한 가지 결심에 집중해도 이룰까 말까다. 그런데 결심을 한꺼번에 여러 개 하려는 것이 문제다. 그러므로 처음에는 쉽게 성취할 수 있는 한 가지에 몰두하는 것이 좋다. 깃털처럼 가벼운 눈이라도 많이 쌓이면 산사태가 날 수 있다. 대수롭지 않다고 생각하는 것부터 시작해서 성공 경험을 쌓는 것이다. 특히 자신이 의지박약이라고 생각한다면 아주 작은 것이라도 정해서 성공 경험을 쌓아보자. 그것이 진정한 내 실력으로 만드는 길이다.

필요한 자격증 하나만으로도 충분한데, 중요성이 떨어지는 자격증 취득에 열을 올리는 '자격증 중독자'들이 있다. 안타깝게도 자격증이 많을수록 도움이 될 거라는 착각 때문에 시간을 허비하는 사람들이다. 장작을 패려면 날이 선 도끼 하나만 있으면 된다. 연장이 많아도 도끼가 없다면 아무 소용이 없다.

물론 양이 절대적으로 필요한 것도 있다. 토머스 에디슨은 "천재는 99%의 노력과 1%의 재능이다"라고 했다. 노력 없는 재능은 그 진가를 제대로 발휘할 수 없다. 공부를 잘하는 학생과 못하는 학생의 차이는 어디에서 비롯될까? 바로 '얼마나 많은 시간에 집중해서 책상에 앉아 있는지'다. 같은 수준이라면 단 몇 분이라도 더 많이 공부한 학생이 좋은 성적을 받는 것이 당연하다.

올림픽에서 금메달을 딴 선수들의 훈련 과정을 살펴보자. 엄청난 훈련량에 일반인은 혀를 내두를 정도다. 체중을 조절하려고 먹고 싶은 음식을 참고, 근력을 강화시키기 위해 아령을 수없이 들어 올리며 비지땀을 흘린다. 그들이 고생을 마다하지 않는 이유는 뭘까? '누가, 얼마나 많은 시간을 훈련했느냐'에 따라 시합 성적이 정해진다는 것을 알고 있기 때문이다.

눈송이 하나는 그 무게를 저울로 잴 수 없을 만큼 가볍다. 그런데 이 눈송이가 쌓이고 쌓이면 나뭇가지를 부러뜨리고 지붕까지 무너뜨린다. 산사태를 일으킬 정도로 엄청난 위력을 발휘한다. 티끌이 모여 태산이 되려면 무수한 티끌이 모여야 한다. 한두 개의 티끌로는 어림없다. 위력을 발휘하려면, 즉 질적인 힘을 나타내기 위해서는 어느 정도의 양이 필요하다.

기업 경영에서는 '외양보다 내실로 승부해야 한다'는 말이 돈다. 기업가라면 매출액, 총자산 등 외형 위주의 경영에서 기업 가치, 수익성, 현금 흐름 등 내실을 다지는 경영으로 전환해야 한다.

아류 제품을 쏟아내기보다 제대로 된 일류 제품, 고부가 가치의 제품과 서비스를 출시해 기업의 이미지와 가치를 향상시켜야 한다. 겉으로 화려해 보여도 내실 없는 속 빈 강정이라면 경쟁에서 살아남을 수 없다.

우화에서 암컷 여우는 새끼를 많이 낳는 일을 자랑했다. 그런데 여러 마리의 여우라 할지라도 한 마리의 사자를 당할 재간이 없다. 아마추어 바둑 애호가들이 무리로 달려들어도 프로를 당해낼 수 없는 것과 같다.

그렇다고 사자 앞에서 숨도 제대로 못 쉬며 기죽어 사는 여우가 될 수는 없지 않은가? 이런 경우에는 판을 옮기는 수밖에 없다. 자신이 가장 잘할 수 있는 분야로 옮겨가는 것이다. 그곳에서 실력을 쌓아 나름의 영역을 구축하는 게 현명하다.

안 되는 것을
환경 탓으로 돌리지 마라

'부모의 지원만 있었다면 한 분야의 대가가 되었을 것'이라며 안타까워하는 사람들이 있다. 그들은 대개 "재능은 있었는데 뒷받침이 없어서 포기할 수밖에 없었다"고 한다. 이 말에 "그랬군요"라며 공감하기도 하지만, 한편으로는 "부모의 지원이 없어도 성공한 사람은 어떻게 된 것일까요?"라고 반문하고 싶은 마음이 생길 때도 있다.

성공한 사람들은 환경 때문에 실패했다고 하지 않는다. 오히려 열악했던 환경 탓에 분발하는 계기가 되었다고 한다. 이들은 어려움을 벗어나겠다는 일념으로 주변을 돌아보거나 환경을 탓할 여유조차 없었다고 말한다. 그런데 실패한 사람들은 나름의 노력을 했지만 환경이 자기 발목을 잡았다고 말한다. 그저 본인의 부족함을 합리화하고 자존심을 세우려는 변명일 뿐이다.

현대그룹을 창업한 정주영 회장을 보자. 그는 무일푼으로 시작해 기업의 총수가 되었다. 20대에는 막노동을 하며 빈대가 우글거리는 노동자 합숙소에서 생활했다. 그럼에도 환경을 탓하지 않고 묵묵히 걸어갔다. 그의 여정에 열악한 환경은 그저 극복과 도전의 대상일 뿐이었다.

우화에서 여우는 아무리 뛰어도 포도가 손에 닿지 않았다. 그래서 포도 따기를 포기했다. 여우만 그랬을까? 아마 다른 동물들도 여우처럼 몇 번 뛰어보다가 포기하고 돌아섰을 것이다. 그런데 다르게 생각하는 동물이라면 어땠을까? 나무에 올라갈 수 있는 사다리나 의자를 찾아보지 않았을까? 나무 주위에 포도를 딸 만한 장대가 있는지 살펴보기도 했을 것이다. 무작정 펄쩍펄쩍 뛰며 땀만 흘리지만은 않았을 것이다.

여러 방법을 강구해보지 않고 자신의 능력으로는 불가능하다고 단정하지 마라. 자신이 할 수 없다고 해서 다른 사람도 불가능하다고 말하지 마라. 당신이 따고 싶은 포도가 눈앞에 있는가? 그렇다면 오히려 다른 사람에게 포도가 있는 곳을 알려주고, 포도를 딸 수 있는 방법을 함께 강구해보라. 할 수 있는 방법을 찾아보지도 않고 환경이 뒷받침되지 않는다며 투덜거리지 마라.

세상이 당신을 버렸다며 세상을 원망하지 마라. 지금 지도를 펼쳐들고 살펴보라. 서울로 가는 길은 수없이 많다. 서울로 가는 방법 역시 많다. 도보, 자전거, 오토바이, 승용차, 버스, 기차, 비행기 등 방법은 여러 가지다. 외통수 생각으로는 할 수 있는 방법을 찾을 수 없다. 외통수 생각은 다른 해결책이 보이지 않게 한다. 오히려 다른 길을 찾는 것을 방해한다. 대로가 보이지 않는가? 그렇다면 바로 눈을 돌려보라. 좁은 길도, 곁길도, 오솔길도, 고속도로도 있다.

당황하지 말고,
비웃지도 마라

✦ **당나귀와 개구리**

당나귀 한 마리가 나무를 진 채 늪지대를 지나고 있었다. 그러다가 깊은 늪에 빠져 일어날 수가 없었다. 당나귀는 한탄하며 끙끙 소리를 내기 시작했다. 늪에 있던 개구리들이 그 소리를 듣고는 놀랐다. "어이, 친구! 잠깐 빠졌는데 웬 호들갑이야? 우리는 종일 여기에 있어도 그런 소리는 내지 않는다고!"

가끔 깊이가 얕은 곳인데도 튜브를 붙잡고서 허우적거리며 소리를 지르는 사람이 있다. 튜브를 놓고 일어서면 무릎 깊이라는 걸 금방 알 수 있는데도 말이다. 그럼에도 튜브를 꼭 껴안고서 머리가 물속으로 빠지는 형상으로 위험 상황을 만들기도 한다. 조금만 정신을 차리면 전혀 위험한 곳이 아니란 것을 알 수 있는데, 당황하는 바람에 상황을 제대로 판단하지 못하는 것이다.

이렇게 어처구니없는 상황을 만들고 있다 해도 그들이 전부 미련한 것은 아니다. 그중에 지각이 있고 똑똑한 사람들도 분명 있다. 다만 물에서는 당황해서 상황 판단을 못했을 뿐이다. 전공 분야가 아닌 일에서는 어리숙하게 행동하는 사람이다.

대사를 암기하는 능력은 뛰어나지만 예능 프로그램에서는 매력 발휘를 못하는 배우, 노래방에서는 마이크를 독점하지만 회사에서는 말 한마디도 못하는 직장 동료, 운동장에서 공을 차고 놀때는 펄펄 날지만 수업시간이면 고개를 숙이는 학생 등이 그렇다. 자신에게 생소한 분야에서는 물이 담긴 접시에 코를 박고서 살려달라는 바보 같은 행동을 할 가능성이 있다.

얕은 물에서 발버둥치는 모습이 구경꾼의 입장에서는 어리석고 우습게 보인다. 그러나 당하고 있는 사람에게는 위급한 상황에서 벗어나려는 최선의 행동이다.

현장 경험이 풍부한 베테랑이라면 상대의 마음을 이해할 것이다. 그래서 상대가 위급 상황에서 벗어날 정신이 없다는 것을 알아채고는 구조의 손길을 내밀 것이다. 경험이 풍부한 사람은 눈감고도 충분히 할 수 있는 일이지만, 쉬운 일에 어쩔 줄 몰라 하며 당황하고 있는 사람을 비웃지 않는다. 자력으로는 위험을 벗어날 수 없음을 알고 손을 내밀어 위험 상황을 빠져나올 수 있는 조치를 취한다.

군대에서는 박사 출신이라도 제식훈련조차 제대로 못하면 선임에게 구박을 받는다. 선임 병사들은 박사 출신인 이등병이 못하는 일을 쉽게 해낸다. 누구나 처음부터 잘하는 것은 아니다. 다만 처음 겪는 일이라 해도 무조건 어려워할 일도 아니다. "하늘이 무너져도 솟아날 구멍은 있다"라는 속담처럼, 어려울 때 주변을 둘러보면 돌파구가 보일 수 있다.

만일 이런저런 시도를 해도 해결할 수 없다면 다른 사람들이 웃든 말든 상관 말고 도와달라고 요청하라. 다급한 상황을 알아차리고 구조의 손길을 뻗는 사람이 있을 것이다. 당나귀가 애타게 울고 있으면 그 울음소리를 듣고 주인이 달려오지 않겠는가? 창피하다며 그 자리에서 허우적거리다 물에 빠져 죽는다면 어쩔 것인가? 소리라도 질러야 하지 않겠는가?

위험에 빠져 사투하는 사람을 보고, 어리석다며 웃은 적은 없었는가? 올챙이가 개구리 시절을 모르듯이 어리병병하던 초보 시절을 잊은 적은 없었는가? 만일 마른 땅 위에서 이리저리 뛰는 개구리가 자신을 보며 웃는 당나귀를 본다면 어떤 기분일까?

예기치 못한 일을 당했을 때 정신 놓고 당황하지 마라. 그렇다고 가만히 있지도 마라. 위급하다면 구조 요청을 하라. 대수롭지 않은 일에 쩔쩔매는 사람을 보고 비웃지 마라. 당신도 언제, 어떤 일을 당할지 모른다. 당신 앞에서 쩔쩔매고 있는 사람이 언젠가는 당신의 손을 잡아줄지 모르는 일 아닌가?

제8장

위험을 이기는
항체를 만들다

속임수에
넘어가지 마라

✦ 매미와 여우

매미가 나무 위에서 노래를 하고 있었다. 매미를 잡아먹고 싶은 여우는 꾀를 생각해냈다. 여우는 나무 밑에 자리를 잡고 매미의 목소리를 칭찬했다. 그러고는 예쁜 목소리를 가진 당신이 어떤 모습인지 한번 보고 싶으니 내려오라고 했다. 매미는 나뭇잎 하나를 따서 떨어뜨렸다. 여우는 그것이 매미라고 생각하고는 바로 달려와 물었다. 이 모습을 본 매미가 말했다. "내가 내려갈 거라 믿었다면 틀렸어. 난 여우 똥에서 매미 날개를 본 뒤로 여우들을 믿지 않거든."

속칭 '야바위 게임'을 들어본 적 있는가? 예전에는 초등학교 앞에서 팽이나 주사위를 던져, 맞는 번호가 나오면 5배를 얹어주는 야바위 게임을 하는 사람들이 있었다. 확률적으로 게임을 주도하는 쪽이 돈을 버는 게임이다.

오늘날도 마찬가지다. 결과를 알면서도 '혹시나 내게 행운이 오지 않을까?' 하며 달려드는 사람들이 있다. 그런데 인간의 마음이 무 자르듯 간단하지 않다. 한 번이 두 번이 되고, 두 번이 세 번이 된다. 주머니에 있는 돈을 다 털리고 나서야 후회한다.

지식의 많고 적음에 좌우되지 않는다. 아무리 지식이 있다 해도 야바위 게임을 보고 지나치지 못한다면 주머니의 돈은 사라진다. 지식이 없는 사람일지라도 '야바위 게임은 해서는 안 될 것'이라고 거들떠보지 않는다면, 결코 속을 일이 없다. 속임수에 잘 넘어가는 이유는 지식보다 자신을 통제할 수 있는 힘의 유무에 달려 있어서다. 대체로 속임수에 잘 넘어가는 사람들은 3가지 특징이 있다.

첫째, 귀가 얇다. 사람들이 말하는 사탕발림을 그대로 믿는다. 호기심이 많아서 새로운 것이나 이상한 것에 잘 빠져든다. 마음은 열려 있지만 거짓과 참을 구별하는 능력이 없다.

둘째, 맺고 끊음이 잘 안 된다. 결단력이 없고 매사에 흐지부지하다. 생각할 여유가 있을 때도 결정을 다음으로 미룬다. 누군가가 결정해주지 않으면 스스로 결정하지 못한다.

셋째, 거절하지 못한다. 다른 사람들의 어려운 사정을 이해한다며 거절하지 못할 이유를 만든다. 거절하면 상대방이 곤란해할 것이라 생각하고, 나중에 자신이 어려울 때 도움받지 못할 것이라 염려한다.

반면 속임수에 잘 넘어가지 않는 사람들의 특징도 있다. 첫째, 나름의 판단 기준이 있다. 상식을 믿기 때문에 벗어나면 일단 의심한다. 나름의 기준이 있어서 그 기준에 맞지 않으면 다시 생각한다.

둘째, 냉정한 사람이라는 소리를 듣는다. 아닌 것이라고 판단하면 거들떠보지도 않는다. 상대가 무안해해도 아랑곳하지 않고 거절할 것은 거절한다.

셋째, 충고를 받아들인다. 본인의 기준과 다르더라도 이치에 맞으면 깨끗이 승복한다. 자신의 의견을 접고 상대방의 의견을 받아들일 줄 안다.

우리가 속는 이유는 무엇일까? 상대방의 말이 진실처럼 들리기 때문이다. 문제는 그것이 진실이 아니라고 판명되었을 때 포기하면 간단히 해결될 것을, 그래도 진실일 것이라 믿는 것이다.

대문호 톨스토이는 "같은 사람에게 두 번이나 속는 사람은 속인 사람과 공범이다"라고 했다. 그렇듯 계속 속는 사람은 속이는 자에게 힘과 용기를 주는 것이나 다름없다.

한 번 속았을 때는 속인 사람을 탓할 수 있다. 그런데 두 번 이상 속으면 자기 잘못도 있음을 생각해봐야 한다. 다른 사람들에게 속는 것은 스스로를 속이는 일과 다름없다. 조금만 더 생각하고 나름의 기준을 만들어 판단 자료로 삼는다면 무엇이 속임수이고 진실인지 알 수 있다.

사람들은 본능적으로 다른 사람들 앞에서 진실을 보이려 하지 않는다. 나타내더라도 위장술로 자신을 보호하려 한다. 그렇기에 속임수에 넘어가지 않으려면 먼저 자신에게 '왜'라는 질문을 해보자. 그러면 자신의 결정을 재고하는 여유가 생긴다.

상대방의 요청에도 '왜'라는 질문을 의도적으로 해보는 것이 필요하다. 속이려는 의도가 있는 사람이라면 '왜'라는 질문에 주춤거릴 것이다. 그때 다시 한번 질문해보면 속임수인지 진실인지 알 수 있다. 언뜻 생각하기에는 쉬운 것 같아도 질문하는 쪽도 대답하는 쪽도 실제로는 입이 떨어지지 않는다. 그렇지만 속는 것보다는 낫지 않겠는가?

위험한 곳에는
가급적 가지 마라

✦ **늙은 사자와 여우**

늙은 사자가 힘으로 먹이를 구할 수 없자 꾀를 냈다. 사자는 동굴 속

에 들어가 아픈 척했다. 동물들이 사자를 문병하러 오자 사자는 동물

들을 먹어치웠다. 이윽고 여우 차례가 되었다. 여우는 동굴에서 멀찌

감치 떨어져 몸은 어떠냐고 물어보았다. 그러자 사자는 "안 좋아"라

고 말하며, 왜 동굴에 들어오지 않느냐고 물어보았다. 여우가 대답했

다. "많은 동물이 들어간 발자국은 보이는데, 나온 발자국은 보이지

않는군요."

'위험' 경고판은 해당 위치에서 피해를 입을 수 있다는 사실을 사전에 알려주는 표지다. 해변에는 '수영 금지' 구역이 있다. 대개 수심이 깊거나, 수온이 유달리 낮거나, 소용돌이 때문에 들어가면 빠져나오기 힘든 곳이다. 등산로 곳곳에는 '입산 금지'라는 팻말이 있다. 낙석 가능성이 있거나 경사가 급해서 등산하기에 부적합한 장소다.

이외에도 주변에서 흔히 볼 수 있는 '고압 시설, 가스관, 공사 중' 등의 경고판이 행동을 제한한다. 위험한 곳임을 알려주고 행동을 주의하라고 일러준다. 사고를 미연에 방지하고 안전한 생활을 도모하기 위해서다.

반면 위험한데도 그렇지 않다고 말하는 사람들이 있다. 무작위로 전화를 걸어 가치가 없는 땅에 투자하라며 자금난에 빠뜨리는 악덕 부동산업자들이 그렇다. "공부를 하면서 등록금을 벌 수 있다" "1인 기업으로도 높은 수익을 얻고 인생을 즐길 수 있는 방법이 있다"라며 학생들을 불법 다단계에 빠지게도 한다. 자칭 '증권투자의 고수'라며 장밋빛 청사진을 제시해 세상 물정에 어두운 사람들을 불러들이는 악덕 증권분석가들이 그렇다. 이들의 사탕발림에 속아서 전 재산을 날리고 거리로 내몰리는 사람들도 있다.

대다수는 사탕발림이 사기일 것이라 짐작한다. 그런데 인간의 마음이란 게 이성적으로만 작동하는 것은 아니다. 감정이 이성을 누르고 '혹시나' 하는 마음에 투자를 하지만 '역시나'로 바뀐다.

게다가 "나는 이런 어이없는 일에 당하지 않을 자신이 있다"고 큰소리칠수록 경고를 잊어버린다. 이들은 위험 지역에 깊숙이 들어가서는 자신만만하게 말한다. "나는 괜찮아. 속는 사람이 어리석은 거지"라며 말이다. 그러나 아무리 큰소리를 쳐도 하수구에 몸을 담근 이상, 구정물을 뒤집어쓰기 마련이다.

담배를 끊으려면 일단 흡연자를 멀리해야 한다. 금주를 하려면 술자리를 피해야 한다. 만약 자신 있다고 이 무리에 들어간다면 무심한 척해도 소용없다. 나도 모르게 연기를 들이마시고 술에 취하니 말이다.

우화에서 사자는 다른 짐승들에게는 '위험'이라는 경고판이 붙은 맹수다. 가까이 했다가는 사자의 먹잇감이 된다. 늙은 사자는 다정한 척하면서 다른 짐승들을 꾀었다. 그런데 꾀 많은 여우는 사자의 꼬임에 넘어가지 않았다. '위험'이라는 경고판을 무시하지 않았기 때문이다.

당신은 어떤가? 위험 지역에 들어가서도 '위험'은 나와 상관없다고 말하고 있지 않는가? 위험 경고를 받고도 오히려 이를 기회라고 잘못 알고 있지 않는가? 잠시나마 위험 지역에서 벗어나 상황을 살펴보라. 현재의 만남이 잘못된 것은 아닌지, 지금 발을 담근 곳이 잘못된 곳은 아닌지를 말이다. 만약 투자처가 잘못되었다고 생각되면 용기를 내라. 그리고 그곳을 빠져나오라.

나쁜 일에
관여하지 마라

✦ **뿔종다리**

뿔종다리는 밀의 낟알을 먹으려다가 올가미에 잡혔다. 뿔종다리는 구슬피 울며 이렇게 말했다. "나만큼 불쌍하고 가엾은 새가 있을까? 나는 누구의 돈도, 값진 것도 훔친 적이 없어. 그런데 작은 밀알 하나 때문에 죽게 되다니!"

이 군은 청소 당번이면 끝까지 남아서 청소를 마무리하고 귀가했다. 그러던 어느 날, 청소 당번인데도 대담하게 빠지는 친구들을 보고 부러운 마음이 들었다. 이 군은 당번임에도 불구하고 청소를 하지 않고 집에 갔다. 이튿날 이 군은 선생님에게 호되게 꾸중을 들었다. 청소 빠지기를 밥 먹듯 하던 친구들은 안 혼났는데 이 군이 혼나는 것을 본 친구들은 그에게 "재수가 없었다"라며 위로했다. 그러나 어쩌겠는가. 잘못된 행동은 혼나는 것이 당연하다.

은행이 파산 국면이면 국가경제도 파산할 것처럼 관련 기사가 쏟아진다. 정부는 '금융 구제'라는 명목으로 혈세를 은행에 쏟아붓는다. 그런데 은행은 얼마 지나지 않아 직원들에게 거액의 성과금을 지급한다. 일반인들이 이해할 수 없는 모습이다.

언론에서는 '모럴해저드'라며 연일 비난 기사를 내보내지만, 은행 입장에서는 '소귀에 경 읽기'일 뿐이다. 경영자들의 결정은 시간이 지나면 자연스레 사람들의 기억에서 사라진다. 그리고 비난은 유야무야로 끝난다. 때로는 오히려 재주도 많다며 부러운 존재가 되기도 한다.

자신도 모르는 돈이 통장에 입금되었다. 비록 내 계좌일지라도 사용하면 처벌을 받는다. 입금된 돈을 이체하거나 임의로 사용하면 횡령죄가 적용되고 민사상 반환 책임도 져야 한다. 부당한 이익이기 때문이다. 그런데 불공평하지 않은가? 경영을 잘못해서 금융 구제를 받은 사람은 별탈이 없는데, 자기 통장에 입금된 돈을 썼다는 이유로 횡령죄가 된다니 이를 어떻게 이해해야 할까?

물론 작은 잘못은 벌을 받고 큰 잘못을 한 사람은 아무런 벌을 받지 않는다고 불평할 일은 아니다. 황금 덩어리든 한 알의 곡식이든 남의 것을 탐하면 벌을 받아야 하는 것은 당연하다.

　다만 세상은 공평하지 않다. 똑같이 과속을 해도 어떤 이는 적발되어서 벌금을 물고 어떤 이는 무사히 통과한다. 단속한 경찰관에게 불공평하다고 항의한들 벌금 통지서가 취소되지 않는다. 마치 낚시꾼이 물속의 물고기를 마구 잡지 않고 낚싯바늘에 걸리는 고기만 낚는 것과 같은 이치다.

　일종의 '재수 없는 일'을 당하지 않으려면 어떻게 해야 할까? 처음부터 나쁜 일에 관여하지 말아야 한다. 그리고 다른 사람들이 벌을 받지 않았다 해도 자기가 면책이 될 거라고 생각해서는 안 된다. 크든 작든 그것이 나쁜 것이라면 당신을 파멸로 이끄는 덫이라고 생각하라. 하찮은 것이라며 무시하지 말고 조심하라. 당신만 재수가 없었다고 말하지 마라.

시행착오에서
배워야 한다

✦ 잠든 개와 늑대

개 한 마리가 농장 앞에서 자고 있었다. 이를 본 늑대가 개에게 달려
들어 잡아먹으려 했다. 그러자 개가 애원했다. "지금은 제가 너무 말
라서 먹을 것도 없어요. 주인이 곧 결혼식을 할 테니, 그때 음식을 많
이 먹고 살을 찌울게요. 그러면 훨씬 맛있는 먹잇감이 될 테니까요."
늑대는 개의 말을 믿고 가버렸다. 얼마 후 늑대가 다시 왔을 때, 개는
높은 곳에서 자고 있었다. 늑대는 개를 불러 약속을 지키라고 했다.
그러자 개가 대답했다. "이제부터 농장 앞에서 잠자는 나를 본다면,
결혼식까지 기다리지는 말아라!"

귀는 두 개이고 입은 한 개다. 아마 좌우의 귀로 여러 의견을 치우침 없이 듣고, 하나의 입으로 적절하게 말하라는 의미 아닐까? 그런데 사람들은 귀가 두 개인 이유를 '무조건 많이 들으라'는 것으로 착각해서 듣기에만 열중한다. 옳고 그름을 판단하는 일은 나중의 일이라고 생각하며, 감언이설에 넋을 놓고 맞장구친다. 결국 그럴듯하게 포장된 거짓말에 속아 패가망신에 이르기도 한다.

은행 이자보다 몇 배의 이자를 준다는 사기꾼의 거짓말에 평생 모은 돈을 날리기도 한다. 도박판에서 돈을 딸 수 없다는 걸 알면서도 유혹을 참지 못하고 집문서까지 날린다. 이들에게도 상식이나 판단력은 있다. 그런데 달콤한 유혹 앞에서는 옳고 그름을 판단하는 뇌가 작동을 멈춘다. 우화에서 늑대는 개의 감언이설에 속아 맞장구를 쳤다.

세상에는 약육강식의 법칙이 존재한다. 부익부 빈익빈 현상이 심화되고, 한 번 추락하면 만회하기가 힘든 세상이다. 눈 감고 있으면 코 베어가는 세상이 아니라, 눈 뜨고 있어도 코 베이는 세상이다. 코만 베어가면 다행이다. 말 그대로 홀딱 벗겨버린다. 험난한 세상에서 안전하게 살려면 나름대로의 판단 기준이 있어야 한다. 그 판단 기준은 다음과 같다.

첫째, 감언이설을 판독하라. 듣기 좋은 말로 꾀어내는 감언이설은 과감하게 배척하라. 혹시나 '진실이 아닐까?' 하는 마음에 미련을 두지 마라. 미련이 있다는 것은 연결된 꼬리를 자르지 못하는 것과 같다. 자르지 못한 꼬리에 남아 있는 유혹이 인생을 끊임없이 나락으로 떨어뜨린다.

진실이라고 생각되면 망설이지 말고 기회를 잡아라. 쇠는 뜨거울 때 두드려야 원하는 모습이 된다. 그러니 다가온 기회라면 과감히 요리하라. 지나가버린 기회는 돌아오지 않는다. 도망간 개가 되돌아오겠는가? 어떤 사람이 죽을 곳임을 알면서도 다시 뛰어들겠는가?

공부할 때가 있고 일할 때가 있다. 온갖 감언이설로 훗날을 기약하자는 악마의 속삭임은 도마뱀이 제 꼬리를 자르듯이 과감히 잘라버려라. 그럴 때 새로운 기회, 새로운 세상, 새로운 보석이 보일 것이다.

둘째, 위험에 노출되지 마라. 깡패 소굴로 들어가면서 깡패가 되지 않겠다고 한들 누가 믿어주겠는가? 유유상종이라는 말처럼 그곳에서는 깡패가 될 수밖에 없다. 뛰쳐나온다 해도 대가를 치러야 한다.

도박판에 발을 들이면 언젠가는 가지고 있는 것을 잃고 만다. 소매치기가 판치는 여행지에서 지갑을 열고 돈 자랑을 한다면, 그 돈은 이미 소매치기의 돈이나 다름없다. 위험하지 않으려면 위험한 곳에 들어가지 않아야 한다. 공격을 당하지 않으려면 본인의 약점을 노출해서는 안 된다.

셋째, 시행착오에서 배워야 한다. 가장 좋은 계획이란 시행착오를 사전에 막는 것이다. 그런데 사람이라면 누구든 시행착오를 겪는다. 이때 잘못을 알아차리고 다른 길로 가느냐 아니냐에 따라 결과가 달라진다. 크리스토퍼 콜럼버스가 수없이 항해를 한 끝에 신대륙을 발견했듯, 사람들은 흥미로운 대상에 빠져 시행착오를 반복하며 자신의 길을 찾는다.

시행착오는 고유의 사고방식을 만들어나가는 초석이 되기도 한다. 스스로 생각하고 위기를 극복하고 경험하게 만들어 독창성을 가지게끔 한다. 자신의 방법이 옳지 않음을 알고 똑같은 실패를 겪지 않게끔 한다. 물론 시행착오가 반복되는 것이 좋다는 의미는 아니다. 다만 피하거나 무서워할 대상이 아니라는 것이다. 실패에서 성공으로 향하는 길을 알려주는 인생의 반려자라고 생각하라.

위기에 빠져도
정신을 차리자

✦ **암사슴과 동굴**

사냥꾼에게 쫓기던 암사슴이 동굴 앞에 이르렀다. 그런데 동굴 안에
는 사자가 있었다. 암사슴은 몸을 숨기려고 동굴 안으로 들어갔다가
사자에게 잡히고는 이렇게 외쳤다. "나는 정말 불쌍해! 사람한테서 도
망치려다 사나운 짐승의 손아귀에 몸을 던지다니!"

뉴스를 볼 때면 이 세상에는 안전한 곳이 없는 것 같다. 이웃집
아저씨가 어린이를 폭행하고 취객이 행패를 부리며 경찰에게 흉
기를 휘두른다. 주민등록번호를 도용해 피해를 입히고 안전하다

는 은행 전산망이 해킹당해서 금전적인 손실을 입힌다.

매일 다니던 길을 걷다가도 맨홀이 열려 하수구에 빠지기도 하고, 운전 중에 싱크홀이 발생해 사고를 당하기도 한다. 경쟁사를 이기려고 관련 기업과 제휴하지만, 오히려 제휴 업체에 흡수당해 기업의 존재마저 사라질 때가 있다. 이처럼 우리가 살고 있는 세상은 도처에 함정이 도사리고 있다. 그래서 잠시만 한눈을 팔아도 위험의 구렁텅이로 빠지거나 악마의 마수에 걸려들 수 있다.

사고를 막고자 다양한 조치들이 시행된다. 국가에서는 적의 침입에 대비해 민방위 훈련을 실시한다. 기업에서는 해킹을 막고자 보안 프로그램을 설치한다. 국민들은 재산을 현금, 부동산, 주식 등으로 분산시킨다.

우화에서 암사슴은 사냥꾼을 보자마자 판단력을 잃었다. 그래서 눈앞에 보이는 곳으로 무작정 숨었다. 그런데 하필이면 사자의 굴로 뛰어드는 최악의 선택을 범했다. 왜 이런 사태가 초래되었을까?

첫째, 평소에 대피할 장소를 마련해두지 않았기 때문이다. 대피할 장소가 준비되어 있었다면 우왕좌왕할 필요가 없다. 그저 대피 장소로 달려가면 된다.

둘째, 대피 훈련을 하지 않았다. 대피 장소가 마련되어 있어도 대피 훈련을 하지 않으면 의미가 없다.

셋째, 사방을 둘러보지 않았다. 신속하게 사방을 둘러보면 대피소와 위험한 곳이 눈에 들어올 것이다. 주위를 둘러보지 않고 무작정 달려갔다가는 오히려 자충수를 두게 된다.

넷째, 사생결단을 하지 않았다. 사자 굴에 들어갔더라도 포기하지 않고 몸부림을 쳤다면, 사자가 사냥꾼의 표적이 되어 무사히 도망갈 수 있었을 것이다. "호랑이에게 물려가도 정신만 차리면 산다"라는 속담을 기억하는가? 위급한 상황이 닥치더라도 정신만 똑바로 차리면 위기에서 벗어날 수 있다. 가장 중요한 것은 위험한 장소에 가지 않는 것이다. 만약 위험한 곳이라면 언제든지 숨을 만한 대피소를 마련해둬야 한다.

여유가 있을 때
위기에 대비하라

✦ **멧돼지와 여우**

멧돼지가 나무 앞에 자리를 잡고 이빨을 날카롭게 갈고 있었다. 여우가 사냥꾼도 없고 위험한 일도 없는데, 왜 이빨을 갈고 있냐고 물었다. 멧돼지가 대답했다. "내가 이러는 데는 이유가 있어. 위험이 닥치면 이빨을 갈 시간이 없거든. 이제 내 이빨이 일을 할 준비가 되었는지 봐야겠군."

하루 24시간이 모자란다며 이리저리 뛰는 사람들이 있다. 회사에서 매일 야근을 하고 밤샘 근무도 마다하지 않는다. 휴일에도 출근하는 바람에 잠든 아이 모습만 볼 뿐이다. 부부간에 대화도 거의 없고 바빠서 여행은 엄두도 못 낸다.

똑같이 일을 하는데도 여유를 즐기는 사람들도 있다. 계절이 바뀔 때마다 가족 여행을 하거나 친지들과 외식을 한다. 시간을 내서 해외여행도 가고 한 달에 책 3~4권을 읽는다. 그럼에도 야근을 하지 않고도 정해진 기한 내에 업무를 처리한다.

바쁜 사람과 여유를 즐기는 사람 간에 업무 성과는 같을까? 여유를 만끽하며 일하는 직원의 성과는 형편없을까? 우리는 대개 일을 오래 하는 사람이 성과가 높을 것이라 예상한다. 그런데 반드시 그렇지도 않다. 그 이유는 무엇일까? 능력 차이일까, 업무 강도의 차이일까?

시간 여유가 있을 때 창의적인 일에 시간을 보내는 사람이 있다. 반면 시간을 '죽이는' 사람도 있다. 공부를 하거나 사람들을 만나는 사람이 있는가 하면, 무의미한 인터넷 서핑을 하거나 다른 사람들을 험담하며 시간을 낭비하는 사람도 있다. 시간이 남아돈다면서도 아무것도 하지 않는 사람도 있다.

'시간 관리 매트릭스'를 만든 스티븐 코비 박사는 이렇게 제안했다. "우리에게 주어진 시간을 가장 보람 있게 사용하려면, 시급하지 않지만 소중한 일에 시간을 할애하라"고 말이다. 그는 보편적으로 사람들이 전화받거나 답장하는 일, 상사에게 당장 보고해야 할 일, 일상적으로 관리하는 일들에 주력한다고 지적한다. 그는

"급하지는 않지만 소중한 일을 눈여겨보라"고 한다.

그가 제안하는 '소중한 일'이란 무엇일까? 당장은 알지 못해도 문제되지 않는 전공 지식을 익히는 일이나 건강을 챙기는 일 등이다. 당장 눈에 띄지 않지만 성장 동력이 되어서 인생의 항로를 보장한다.

우화에서 여유 시간에 이빨을 갈고 있는 멧돼지가 여우의 입장에서는 미련해 보였다. 여우가 보기에는 '당장 필요한 일이 아니었기' 때문이다. 그러나 멧돼지에게는 이빨이 생존의 도구다. 그러니 이빨을 가는 일은 군인이 총기에 기름을 치는 것과 같다. 상인이 가게를 단장하고 직장인이 전문 지식을 쌓고자 공부하는 일과 다를 바 없다.

누구에게나 시간은 공평하게 주어진다. 다만 시간을 사용하는 방법이 다를 뿐이다. 만일 당신이 여유를 사치라고 생각해서 바쁘게 살고 있다면 여유 시간을 일부러 만들어보라. 지금 하는 여러 가지 일 중에서 한 가지를 선택해 과감히 멈추어보라. 그렇게 해도 별문제가 생기지 않는다면, 그 일을 해야 할 일 목록에서 제거하라. 그런 다음 그 시간을 여유 시간으로 만들어라. 일상이 훨씬 평안하고 여유로워질 것이다.

만일 여유 시간이 있는 사람이라면, 그 시간을 어떻게 사용하고 있는지 분석해보라. 쓸데없는 걱정에 시간을 쏟고 있는가? 그렇다면 그저 죽은 시간일 뿐이다. 여유 시간을 어떻게 활용할 것인지 계획하고, 죽어가는 시간을 다시 살려보길 바란다. 멧돼지도 여유 시간에 이빨을 갈고 있는데, 만물의 영장인 당신은 얼마나 멋진 칼을 만들겠는가?

적극적으로 시도하고
부탁하라

✦ 제비와 새들

나무마다 끈적끈적한 겨우살이(다른 나무에 기생하며 사는 식물로, 종자에는 점액물질이 있다)가 자랐다. 위험을 느낀 제비는 새들을 불러 모아 "겨우살이를 모두 잘라내자"고 제안했다. 하지만 그들에겐 불가능한 일이었다. 그래서 사람들에게 겨우살이를 새 잡는 끈끈이로 쓰지 말아달라고 부탁하자고 했다. 새들은 제비가 헛소리를 한다며 비웃자 제비는 사람들에게 애원했다. 사람들은 제비가 똑똑하다며 같이 지낼 곳을 내주었다. 다른 새들이 사람에게 잡아먹혔을 때, 제비만 사람의 보호를 받으며 살 수 있었다.

새로운 일을 시도할 때 우리 마음속엔 이런 말이 빼꼼 고개를 든다. "계란으로 바위를 치는 격이야!" "해봤자 헛수고야!" "예전에 해봤는데 괜히 고생만 했어" "우리 힘으로는 어림도 없어" "글쎄, 차라리 기다리는 게 좋지 않겠어?" 같은 말이다. 그런데 이 말들은 생각을 부정적으로 만들어서 시간을 버리게 한다. 걱정은 문제를 해결하기는커녕 점점 더 안 좋게 만든다.

그러나 부정적인 생각 한편으로는 이와 다른 마음, 즉 오기가 생기기도 한다. "계란으로 바위를 쳐보자" "해봐야 결과가 나오지 않겠어?" "예전에는 안 됐지만 지금은 될 수 있어" "우리의 힘을 합치면 충분히 할 수 있어" "손 놓고 기다리느니 우리가 가보는 게 좋지 않겠어?"라고 말이다. 긍정적이고 적극적인 생각이 마음을 지배하기 시작하면 상황은 완전히 달라진다. 근심은 뒷전으로 물러나고 희망을 볼 수 있다.

2002년 한일 월드컵을 생각해보자. 우리나라는 예전만 해도 유럽 축구팀을 이길 것이라고 기대하지 않았다. 그저 '우리가 넘을 수 없는 벽' '차원이 다른 팀'이라고만 생각했다. 그런데 2002년 월드컵에서 16강에 오르는 쾌거를 이뤘고, 8강을 넘어 4강이라는 기적을 이루었다. 계란으로 바위를 쳤는데 바위가 부서진 것이다. 우리는 이후에 유럽 강호와 맞붙어도 진다는 생각을 떨치고, 오히려 '한번 해볼까?'라며 달려드는 호랑이로 변모했다.

한때 '피겨스케이팅은 서양인들이 하는 운동'이라 여겼다. 우리와는 상관없는 스포츠라 생각했다. 그런데 김연아 선수가 세계 무대를 제패하자 생각은 바뀌었다. '안 된다'라는 부정적인 생각을 떨쳐버리고, '해보는 거야'라는 긍정적인 생각 덕분에 우리는 세계 무대를 휘저을 수 있었다.

콜럼버스는 자신을 비하하는 사람들 앞에서 보란 듯이 달걀을 깨뜨려 세웠다. 다른 사람들이 상상할 수 없는 방법을 시도했다. 어떤 이들은 신체적인 장애가 있지만 히말라야 등반에 도전하고, 남극과 북극을 탐험한다. 그들은 '가만히 앉아 있으면 아무것도 할 수 없다. 움직이고 시작하면 무엇이든 할 수 있다'는 마음가짐을 실천하고 있는 것이다.

보험 설계사들은 서류 하나로 상품을 판매한다. 그들은 지인뿐만 아니라 생면부지의 사람에게도 찾아가서 계약을 성사시킨다. 한 번 만나서 계약이 성사되면 얼마나 좋겠는가? 그러면 너도 나도 보험 설계사를 하지 않을까? 고객을 설득하려면 한 번으로 안 된다. 여러 번 만나고 전화하고 설명서를 보내 지속적으로 설득해야 한다. 수십 번의 방문도 마다하지 않는다.

우리는 서로 부탁하고, 그 부탁을 들어주며 살아간다. 당신은 만남을 두려워하고 부탁을 못하는 사람인가? 만나서 부탁하면 충분히 가능한 일도 미리 겁먹고 안 될 것이라며 단념하지는 않는가? 자력으로 해결할 수 없는 일이 있는가? 혼자 끙끙대며 고민하지 말고 해결의 열쇠를 쥔 사람에게 부탁해보라. '밑져야 본전'이라는 생각으로 그들을 만나보라.

'체면을 구길까, 상대에게 실례되지는 않을까, 거절당하면 어떡하지' 식의 생각은 할 필요가 없다. 당신의 걱정과는 다르게 도와주려고 기다리고 있을지도 모를 일이다. 당신의 어려운 사정을 몰라서 도와주지 못했을 수 있다.

누가 당신의 길을 막고 있는가? 그건 바로 당신이다. 누가 당신의 길을 열어주는가? 바로 당신이다. 뒤로 도망치든 적극적으로 시도하든, 행동하는 사람은 다른 사람이 아니다. 바로 당신이다.

조급하게
행동하지 마라

✦ 달아난 갈까마귀

한 사람이 갈까마귀를 잡아 다리에 실을 묶고는 아들에게 주었다. 사람과 함께 살 수 없었던 갈까마귀는 감시가 소홀한 틈을 타 자기 둥지로 돌아가려고 했다. 그러나 실이 나뭇가지에 감기는 바람에 날 수가 없었다. 죽어가는 갈까마귀가 말했다. "나는 정말 불행해. 사람의 손에서만 벗어나려고 했지, 내 생명을 잃어버릴 거라는 생각은 못 했어."

'다른 사람보다 먼저 해야 한다'라는 조급함 때문에 일을 망치는 때가 있다. 경기 관람 티켓을 사려고 이 줄과 저 줄을 오가며 기회를 엿보지만, 창구가 닫히는 바람에 티켓을 못 사는 꼴을 겪기도 한다. 빨리 가려는 마음 때문에 이리저리 차선을 바꿔가며 곡예 운전을 한다. 그런데 적색 신호등에 걸리는 바람에 추월한 차보다 뒤에 서 있기도 한다.

누구에게나 조급한 마음은 있다. 특히 오늘날은 '속도'가 중시되면서 남보다 먼저 출발해야 하고, 먼저 알아야 하고, 무엇이라도 먼저 개발해야만 살아남을 수 있다고 여긴다.

남보다 조금이라도 앞서려고 달리다가 스트레스가 쌓여서 가야 할 방향을 잃기도 한다. 경쟁자에게 뒤처질 때는 슬럼프에 빠져 몸과 마음이 만신창이가 된다. 정신을 차리면 거리를 좁혀야 한다는 마음에 더 조급해진다. 조급한 마음은 우리 마음을 당황하게 해 판단력을 잃게도 한다.

바둑을 생각해보자. 대개 고수일수록 장고를 한 다음에 바둑돌을 놓는다. 하수는 어떠한가? 바둑판을 잠깐 둘러본 후에 바둑돌을 놓는다. 그러고 나서 생각한다. 잘못 됐다고 생각하면 규칙을 무시하고 "한 수 접어달라"며 떼를 쓰기도 한다.

고수는 바둑돌을 두기 전에 상대가 어떻게 대응할지 고려한다. 어떤 이해득실이 있을지 생각하고 위기에 몰릴수록 장고에 들어간다. 평소에도 바둑 공부를 한다. 행마, 정석 등 바둑의 수를 끊임없이 익히고 응용해본다. 실전에서는 또 다른 변수가 있을 것이라 예상하고 신중하게 돌을 둔다.

하수들은 곁에 바둑 교재가 있어도 잘 안 본다. 실전에서 임기응변하면서 익힐 뿐이다. 고만고만한 실력자들과 상대를 하기에는 실력이 제자리다. 고수와 대적할 때면 위기가 닥쳐도 위기인줄 모르고, 무작정 덤비다가 지고 만다.

조급한 마음 때문에 일을 망칠 상황인가? 그렇다면 잠시 하던 일을 멈추고 마음을 추스려야 한다. 그리고 다음의 방법을 적용하라. 조급한 마음이 누그러질 것이다.

첫째, 생각의 게이지를 만들어라. 차량의 계기판처럼 당신만의 게이지를 만드는 것이다. 여기에 적색 신호가 켜지는지를 수시로 살펴보라. 적색 신호라고 판단되면 잠시 하던 일을 멈추고 호흡을 가다듬자. 그런 다음 마음을 추스르자. 심장이 빠르게 뛰는가? 그렇다면 숨을 크게 들이쉬고 심호흡을 해보자. 그래도 가슴이 답답하고 초조하다면, 당신의 생각이 과속하고 있음을 알아채라. 이럴 때는 그 자리를 떠나보라. 실내라면 실외로 나가보고, 따뜻한 햇살을 맞으며 시야를 밝은 곳으로 노출해보라.

둘째, 가만히 숨을 죽이고 내면의 소리에 귀를 기울여보라. 움직임을 멈추고 숨소리도 내지 마라. 눈을 감고 가만히 있어보자. 그러면 분주히 움직였을 때 보이지 않았던 것들이 보인다. 듣지 못한 소리가 들린다. 새로운 생각이 떠오르거나 까맣게 잊었던 옛일이 생각나기도 할 것이다. 조급한 마음을 잡아주며 평안한 기운이 찾아올 것이다.

셋째, 문제를 느긋하게 다루어보라. 당신의 행동을 관찰해보라. 급한 일도 아닌데 조급하게 매달리고 있지 않은가? 이것저것 하느라 정작 중요한 일은 놓치지 않는가? 해답은 문제를 올바르게 파악했을 때 알 수 있다. 이 방식으로 문제를 읽다 보면 해답이 어디에 숨어 있는지 알 수 있다.

우화에서 갈까마귀가 묶인 줄을 풀고자 방법을 차분하게 생각했더라면, 부리로 줄을 쪼아서 풀고는 자유의 몸이 되었을 것이다. 그런데 해답을 찾기 위한 생각을 하지 않았다. 그저 몸부림쳤을 뿐이다. 당신도 갈까마귀처럼 '생각하지 않고, 현실을 벗어나려는 조급함에 무작정 몸부림치고 있지 않은지' 생각해보라. 잠시 하던 일을 멈추고 해결 방안을 찾아보라.

맑은 날
우산을 준비하라

✦ 개미와 쇠똥구리

여름철, 개미는 들판을 돌아다니며 밀과 보리 알갱이를 주워 모았다.

그러고는 겨울에 쓸 양식으로 저장했다. 쇠똥구리는 다른 동물들이

일을 내려놓고 쉴 때도 애쓰며 일하는 개미를 보고 비웃었다. 그때도

개미는 아무 대꾸도 하지 않았다. 한참 뒤 겨울이 되었고, 굶주린 쇠

똥구리는 개미에게 먹이를 구걸했다. 그러자 개미가 말했다. "쇠똥구

리야! 내가 힘들게 일할 때 나를 욕하지 말고 일했으면 너도 먹잇감이

부족하지 않았을 텐데."

우리나라는 사계절이 뚜렷하다. 봄에 씨를 뿌리고, 여름에 가꾸고, 가을에 거둬들이고, 겨울에는 기다린다. 이 과정을 누구나 알고 있다. 농부들은 제때 필요한 농사일을 함으로써 곡물을 키운다.

지혜로운 사람들은 식물이 자랄 수 있는 환경을 인공적으로 만들어서 사계절 내내 농산물을 재배한다. 지속적으로 수입원을 만드는 것이다. 반면 무능한 사람들은 어떠한가? 지혜로운 사람들이 잘되는 일을 그저 질투하고, 자신에게는 운이 따르지 않는다며 한탄할 뿐이다.

직장 구하기가 하늘의 별따기보다 어렵다고 한다. 그런데 쉽게 직장을 구하는 사람들도 많다. 졸업을 하기도 전에 취업이 확정된 학생들도 있다. 그 이유는 무엇일까? 취업을 하려면 일정한 자격이 필요하다. 학점, 외국어, 자격증 등 회사마다 기준을 정해두고, 그 기준에 부합하는 사람의 원서를 받는다. 누구나 알고 있는 사실이지만, 평소에 준비하지 않는 사람들이 많다. 자격증 시험에는 정해진 날짜가 있고, 이미 취득한 학점을 고칠 수 없다. 그런데도 준비하지 않고 놀거나 제도만 탓하고 사회를 원망한다면, 이 얼마나 어리석은 일인가.

건강할 때는 '건강의 소중함'을 모른다. 건강을 잃고 나서야 그 소중함을 느낀다. '건강이 최고'라는 말은 노년에 경제적인 여유가 있어도 건강 때문에 여행을 가지 못하는 사람들이 하는 말이다. "여윳돈을 마련해둬야 합니다"라는 충고에 "그럴 여유가 없습니다"라고 일축하는 사람들. 다른 친구들은 모은 돈으로 해외여행를 가는데, 그 대열에 끼지 못하는 서글픔을 맛본다.

인생에도 '적당한 때'라는 게 있다. 쇠는 뜨거울 때 두드려야 한다. 식은 다음에는 망치질을 아무리 해도 원하는 모습을 만들 수 없다. 준비할 수 있는 '바로 그때'를 놓쳐서는 안 된다. 떠난 버스를 향해 손을 흔들어봤자 무슨 소용이 있겠는가? 일할 시기, 공부할 시기에 다른 사람들이 노력하는 모습만 쳐다보지 마라. 부럽다면 지금 이 순간 시작하라. 손 놓고 멍하니 하늘만 보며 세상을 원망하지 마라. 그리고 구걸하지 마라. 구걸할 용기가 있다면 지금이라도 움직이자. 그래야 당신만의 성공 신화를 만들 수 있다.

우화에서 쇠똥구리가 개미보다 못한 것이 무엇인가? 성공한 사람이 당신보다 잘난 것이 무엇인가? 최종 승부는 경기가 끝나야 결정된다. 마라톤은 결승점에서 결정된다. 늦었다고 생각할 때가 가장 빠를 때다. 이때가 당신이 시도할 수 있는 적절한 시기다.

종료 휘슬이 울리면 더 이상 뛸 수 없다. 그렇기에 늘 최선을 다하고, 시간이 얼마 남지 않았다고 포기하지 마라. 다른 사람의 성공을 부러워할 시간에 자기 목표를 향해 나아가라. 내딛는 걸음이 당신을 성공의 대열에 데려다줄 것이다.

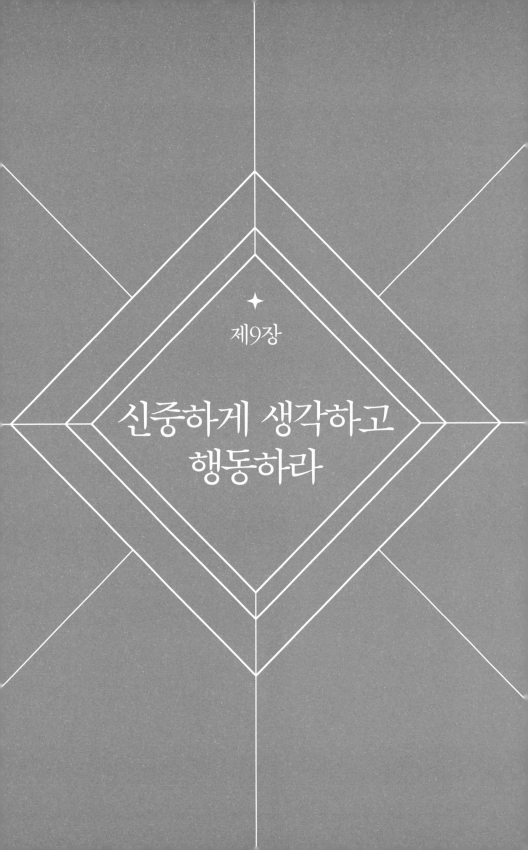

제9장

신중하게 생각하고
행동하라

소모적인 논쟁에
끼어들지 마라

✦ 헤라클레스와 아테나

헤라클레스가 좁은 길을 따라 걷고 있었다. 그는 땅에서 사과처럼 보이는 물건을 발견하고 힘주어 밟았다. 그랬더니 그 물건이 2배로 커지는 게 아닌가. 이를 본 헤라클레스는 마구 짓밟고 몽둥이로 내려쳤다. 그러자 물건은 더 커졌고 길을 막아버렸다. 놀란 헤라클레스는 그 자리에 멈춰 섰다. 그러자 아테나가 나타나 말했다. "그만하게. 그 물건은 바로 논쟁의 정령이라네. 그것을 얌전히 둔다면 처음 모습 그대로 있을 것이고, 그것과 싸운다면 보다시피 더 크게 부풀어 오를 것이네."

'닭이 먼저냐, 달걀이 먼저냐'라는 논제는 예로부터 이어져온 논쟁거리다. 이 논제에 정답을 말한 사람은 없다. 질문에 질문이 꼬리를 물고 끝없이 연결된다. 이를 규명하겠다는 것은 '쓸데없이 시간을 죽이겠다'는 것과 다름없다. 인간의 두뇌로는 풀 수 없는 문제를 풀어보겠다는 소모전일 뿐이다.

논쟁이란 서로 다른 견해를 가진 사람들이 옳고 그름을 따지는 것이다. 자신의 견해를 발표하고 다른 이의 견해를 수용해서 어느 것이 옳고 그른지를 밝혀내는 일이다. 이 과정에서 찾아낸 사실을 서로 인정한다면, 논쟁이란 유익하고 필요한 존재다. 그런데 문제는 상대방의 의견은 일고의 가치도 없다며 수용하지 않는 태도다. 오직 자기 말이 맞다며 상대방에게 수용할 것만 강요해서는 안 된다.

방송에서 하나의 주제를 두고 다른 입장에서 논쟁하는 정치인을 볼 수 있다. 그들은 이미 결정된 당론의 입장을 들고 토론의 장으로 나온다. 결론을 내린 상황이기에 상대의 말은 듣지 않고 자기 입장만 고수한다.

논쟁은 총칼로 싸우는 전쟁과 마찬가지다. 즉 논리로써 싸우는 전쟁과 같다. 전쟁은 반드시 이겨야 한다. 승리하는 쪽은 정의가 되고 패배하는 쪽은 불의가 된다. 그래서 모든 책임을 짊어져야 하는 처지에 놓인다. 따라서 전쟁은 인정사정 고려하지 않는 무자비함 그 자체다. 생명의 존엄성은 전쟁이 시작됨과 동시에 사라진다. 아군에게 위협이 된다고 생각되면 상대가 누구인지 불문하고 일단 사살한다.

전쟁을 벌이는 동안에는 옳고 그름이 없다. 오직 '이기는 것만이 옳은 것'이라 인정된다. 총으로 적군의 심장을 쏘고 적의 진지를 쑥대밭으로 만든다. 이기기 위한 것이라면 원자폭탄도 주저하지 않고 사용한다. 젊은이는 전쟁으로 생명을 잃고 국토는 폐허가 된다. 결국 승리한 쪽도 엄청난 손실을 입는다.

헤라클레스는 '힘'으로는 누구에게도 지지 않는다. 그런데 '논쟁'이라는 물건을 두드리면서 망연자실했다. 그 어떤 것도 겁내지 않았지만 어쩔 도리가 없었다. 그만두거나 도망가는 것 외에는 다른 방도가 없었다. 논쟁은 완력으로도 풀 수 없다는 것을 알았기 때문이다.

지금 어떤 문제로 논쟁을 벌이고 있는가? 설령 당신이 이겼다고 해도 좋아하지 마라. 상대가 복수의 칼을 갈다가 언젠가 당신에게 치명상을 입힐지도 모르니 말이다.

논쟁으로 상대방을 이기려고 애쓰지 마라. 논쟁으로 상대방의 약점을 공격하지 마라. 논쟁에는 전리품이 없다는 사실을 깨달아라. 만약 전리품이 있다 해도 그것은 서로에게 부담일 뿐이다. 논쟁에 휩쓸렸는가? 그렇다면 아테나의 말처럼, 그 주제를 당신의 두뇌 밖으로 던져버려라. 그 순간 당신에게 '평화'라는 선물이 주어질 것이다.

사랑에도
분별이 필요하다

✦ **사랑에 빠진 사자와 농부**

농부의 딸에게 반한 사자가 청혼을 했다. 그러나 농부는 사나운 짐승
에게 자기 딸을 줄 수 없었다. 다만 사자가 두려워서 그 뜻을 거절할
수도 없었다. 그때 문득 한 가지 묘안이 떠올랐다. 농부는 사자가 자
기 딸의 남편이 되기 위해서는 한 가지 조건만 갖추면 된다고 말했다.
바로 딸이 무서워하는 이빨을 뽑고 발톱만 자르면 된다는 조건이었
다. 사자는 농부의 딸을 사랑했기에 이 제안을 실행에 옮겼다. 이윽고
사자가 나타나자 농부는 사자를 몽둥이질하고는 밖으로 쫓아냈다.

유니버시티 칼리지 런던 생명과학부의 세미르 제키 교수는 '사랑에 빠진 사람의 뇌가 어떻게 화학적으로 변화하는지'를 연구했고 그 결과를 발표했다. 사랑에 빠진 뇌는 이성적인 판단을 하는 전두엽의 활동이 일시적으로 멈추고, 비판이나 의심의 기능을 상실한다. 공포를 조정하고 감정을 다루는 뇌의 기능이 작동하지 않는다. 바깥을 바라보는 두뇌에 콩깍지가 낀다는 말이다.

눈에 콩깍지가 끼면 사랑하는 이의 모습이 아름답게만 보인다. 촌스럽게 들리던 사투리가 애교스럽게 들리고, 그을린 피부는 건강하게 보인다. 콧잔등의 작은 점도 '나비가 앉아 있는 듯' 신비스럽기까지 하다. 사랑하는 이가 원하는 것을 모두 해주고 싶은 마음도 든다. 평소에 눈여겨보지 않았던 귀걸이와 머리핀이 눈에 띄기 시작한다. 예쁜 구두를 신겨주고 싶고, 하늘의 별이라도 따주고 싶어진다.

만나면 기분이 좋아지고 주변에서 꽃향기가 나는 것 같다. 가로수가 더 푸르게 보이고 하늘의 뭉게구름이 나를 축복하는 듯하다. 사랑하는 사람과 함께 있어도 계속 보고 싶고, 돌아서면 다시 보고픈 마음이 든다.

사랑에 빠진 사자는 사랑하는 사람을 위해서라면 이빨 하나도 아깝지 않다. 발톱을 뽑는 것이 하늘의 별을 따주는 것보다 쉬운 일이라 느꼈을 것이다. 사랑하는 사람을 위해서라면 생명도 아깝지 않다고 생각했으리라.

성공에만 몰두하는 사람들에게 휴가란 사치일 뿐이고, 가족과의 오붓한 시간은 언제든지 할 수 있는 일이다. 오직 앞으로 나아가는 것만이 삶의 목적이라 여긴다. 일하는 것이 정의이자 최고의 선이라 생각한다. 일하지 않고 노는 것은 쓸데없는 일이고, 심하게 말하면 '인생을 좀먹는 기생충'이라고 여긴다. 돈을 벌고 권력을 얻고 좋은 집에서 살아야 진정한 행복이라 생각한다. 그런데 이게 맞는 걸까? 아버지의 관심을 못 받은 자녀는 소외되고 아내는 우울증에 빠진다면, 그에게 성공은 어떤 의미일까?

낙랑공주는 호동왕자의 사랑을 얻고자 외적의 침입을 알리는 자명고를 찢어버렸다. 그녀가 얻은 것은 사랑이지만 적군의 침입을 알지 못하고 죽어간 병사들은 무엇인가? 왕과 백성들의 배신감과 상실감은 어떨 것인가?

눈에 콩깍지가 낄 것이 두려워서 무엇엔가 몰두하고 사랑하지 말라는 뜻이 아니다. 더욱이 눈에 콩깍지가 끼는 일은 하지 말아야 한다는 것도 아니다. 아름답게 살고 싶다면 눈에 콩깍지가 끼는 사랑도 해봐야 한다.

다만 사랑에 눈이 멀어 '무모한 일'은 하지 말라는 의미다. 가끔은 사랑에 빠진 당신의 행동이 상식에서 벗어나지는 않는지 생각해보라는 의미다. 사자를 몰락시킬 기회를 호시탐탐 엿보는 이에게 생존 무기인 이빨을 빼주고서, 두드려 맞고 쫓기는 처지는 안될 것이다.

침착함은 눈앞의 황금을
잃지 않게 한다

✦ 배부른 여우

배고픈 여우가 참나무 구멍에서 빵과 고기 조각을 발견했다. 목동이
두고 간 것이었다. 여우는 구멍으로 들어가 남은 음식을 먹었다. 그런
데 배가 부르자 밖으로 나올 수 없었다. 여우는 구슬피 울면서 한탄했
다. 이 길을 지나던 다른 여우가 울음소리를 듣고 우는 이유를 물었
다. 이유를 알고 난 여우가 말했다. "저런! 거기 들어갔을 때의 모습이
될 때까지 있어야겠네. 그때가 되면 쉽게 나올 수 있을 거야."

대개 배고픈 상태에서 장을 보지 말라고 한다. 배가 고프면 장을 많이 보게 되어서다. 배가 부른 상태에서 마트에 가면 맛있는 음식이 보여도 먹고 싶은 생각이 덜 든다. 함께 간 사람이 먹어보자고 말해도 별 반응이 없다. 뷔페에 갔을 때도 마찬가지다. 배고플 때는 눈앞에 있는 음식부터 먹고, 배가 부르고 나서야 다른 음식들을 보며 아쉬워한다.

한 나그네가 길을 가던 중 목이 말라서 우물을 찾았다. 우물가에는 한 처녀가 물을 긷고 있었다. 나그네는 처녀에게 물을 부탁했고, 처녀는 물 한 바가지에 나뭇잎 하나를 띄워 건넸다. 나그네는 나뭇잎이 있으니 물 마시기가 편치 않았다. 한잔 쭉 들이켠 나그네는 고맙다는 말과 함께 물 위에 나뭇잎이 떠 있었다고 말했다. 그러자 처녀는 물을 허겁지겁 마시다가 체할까 봐 일부러 나뭇잎을 띄운 것이라고 말했다. 이 말에 감동한 나그네는 처녀에게 결혼해줄 것을 청했다. 옛사람들은 물도 급하게 마시면 체한다는 것을 알았나 보다.

동료의 부탁을 들어주고 두고두고 고생하는 사람들이 있다. 고객의 불만을 잠시 모면하려고 의례적인 말로 "알았습니다"라고 했다가 이를 승낙으로 오인한 고객의 요구가 문제로 번지기도 한다.

금슬 좋은 부부간에도 별일 아니라고 생각한 '한마디' 때문에, 한여름에 서리가 내리는 듯 냉랭한 관계로 변할 때가 있다. 아이들 싸움에 부모들이 흥분해서 어른 싸움이 되기도 한다.

말은 입 밖으로 내뱉으면 주워 담을 수 없다. 확대되고 재생산 되기에 모래알처럼 아주 하찮은 말도 큰 바위로 변할 수 있다. 작은 사건도 눈덩이가 굴러가듯 걷잡을 수 없는 사건이 될 수 있다. 조금만 생각하면 발생하지 않을 사건이다. 자기는 정상적인 행동이라 하지만 옆에서 보는 입장에서는 마치 이성을 잃은 듯하다. 맥박이 더 빠르게 뛰고 가슴이 답답한가? 그렇다면 실수할 징조라 여기고 미리 조심하라.

　우화에서 여우가 조금만 침착했더라면 빵과 고기를 꺼낸 다음 먹었을 것이다. 설령 구멍 안으로 들어갔더라도 적당히 먹고 나왔을 것이다. 남은 음식은 들고 말이다. 그러나 눈앞에 있는 음식을 보고는 이성을 잃었다. 여우는 오직 '먹어야겠다'는 생각만 했다.

　음식을 차지하려는 욕심에 냉정함은 사라졌다. 허겁지겁 행동한 여우는 구멍 안, 그러니까 빠져나올 수 없는 감옥에 갇혔다. 만약 목동이 되돌아왔다면 여우는 어떻게 되었을까? 과연 무사했을까?

　당신은 행동을 먼저 하고 생각을 하는가, 아니면 생각을 한 다음에 행동하는가? 행동이 앞서는 사람은 배짱이 있는 사람, 추진력이 있는 사람, 결단력이 돋보이는 사람으로 비친다. 생각한 다음에 행동하는 사람은 신중한 사람, 실수를 잘 안 하는 사람, 소심한 사람으로 비친다. 당신이 어느 유형에 속한다 할지라도 만약 눈앞에 황금덩이가 있다면 이성을 잃지 않을 수 있는가? 그러므로 반드시 필요한 것이 있다. 바로 '침착함'이다.

평소와 다른 행위를 접하면
조심하라

✦ **늑대와 왜가리**

늑대가 고기를 먹다가 목에 뼈가 걸렸다. 늑대는 뼈를 빼줄 누군가를 찾으러 다녔다. 때마침 긴 부리가 있는 왜가리를 만났다. 늑대는 목 안에 뼈를 꺼내주면 사례를 하겠다고 했다. 왜가리는 늑대의 목구멍으로 머리를 들이밀고 뼈를 꺼내주었다. 그러고는 약속한 사례를 요구했다. 늑대가 대답했다. "어이, 친구! 늑대 입에서 안전하게 머리를 꺼낸 것만으로도 충분하지 않아? 무슨 사례가 더 필요해?"

평소엔 말이 없던 남편이 미소를 지으며 아내에게 먼저 말을 건다. 평소엔 냉정해 보이던 아내가 애교를 부리며 남편에게 다가온다. 평소와 다른 행동을 한다는 것은 뭔가 이상이 있다는 징후 아닐까? 잘못한 일, 부탁할 일 등 다소 급한 일이 있다는 뜻이다.

친구들 사이에서도 평소와 다른 행동을 하면 "얘가 왜 이래. 죽을 때가 됐나?"라며 농담하면서 경계한다. 사람마다 알게 모르게 독특한 행동 패턴이 있다. 생활을 하면서 만들어진 것이라 주변 사람들도 그 패턴에 익숙하다.

일상에서 우리는 비슷한 행동을 하고 상대방도 비슷한 행동을 기대하며 그런 행동을 편안하게 받아들인다. 비록 그 행동이 독특하더라도 고유의 패턴이라 이해하며 감수한다. 반면 평소와는 다른 행위를 접하면 당황한다. 그래서 뒤로 물러서거나 수비적인 태도를 취한다.

지하철에서 물건을 파는 행상의 말에 혹할 때가 있다. 집에 와서 물건을 사용해보고는 '역시 싼 게 비지떡이군'이라 생각하며 평소의 생각이 옳았다는 것을 실감할 때가 있다. 해외여행에서도 종종 겪는 일이다. 낯선 외국인이 웃는 얼굴로 다가온다. 자기는 유명 패션 브랜드 매니저이고 한국 지사에서 근무한 경험이 있다고 말한다. 그러더니 가방이나 옷을 보여주면서 '백화점 가격의 절반'이라며 여행객들을 유혹한다. 여행자는 그 말에 속아 현금을 주고 물건을 산다.

우화에서 왜가리는 늑대의 육식성과 음흉함을 모를 리 없었다. 그런데 늑대의 근사한 제의에 마음이 빼앗겼고 판단력을 잃었다. 늑대를 도와준 왜가리는 언제가 늑대의 밥이 될 것이다. 선한 마음으로 도와준 것이 오히려 위험 요소를 만든 셈이다.

상식에 벗어나는 행동이나 평소와 다른 제안을 받았는가? 그렇다면 덥석 받아들이지 마라. 한 발짝 뒤로 물러나 그 상황을 재구성해보라. 그리고 제안을 받아들일지 거부할지를 신중하게 판단하라.

상대의 그럴듯한 계략에
넘어가지 마라

✦ 고양이와 쥐

쥐가 들끓는 집이 있었다. 고양이가 그 사실을 알고는 집을 찾았다. 그러고는 차례대로 쥐들을 잡아먹었다. 쥐들이 쥐구멍에서 더 이상 나오지 않자 고양이는 쥐들을 나오게 하려고 꾀를 냈다. 고양이는 나무 쐐기 위로 올라가 죽은 시늉을 했다. 이때 고개를 내민 쥐 하나가 이를 보고 말했다. "어이, 네가 자루가 된다 해도 나는 네 곁에는 안 갈 거야."

세상은 서로 도우며 살아가는 평화로운 곳이다. 하지만 서로를 죽이는 전쟁터 같은 곳이기도 하다. 이런 세상에서는 수단과 방법을 가리지 않고 상대를 짓밟는다. 이기기 위해 거짓 정보를 흘리며 뒤통수치는 일을 어려워하지 않는다.

불법을 저지르더라도 상대방의 약점을 찾아내 집요하게 공격한다. 거짓 소문을 퍼뜨려 처참하게 매장시킨다. 변명의 루트를 차단해 명예를 회복할 기회조차 막아버린다. 이런 세상에서 이래저래 잘 속아 넘어가는 사람들이 있다. 그들의 유형을 살펴보면 대개 다음과 같다.

첫째, 착하고 부지런해서 남의 도움 없이도 잘 살 수 있지만 귀가 얇아 속는 줄도 모르고 남의 말을 그대로 믿는 사람이다. 이런 유형에게 "왜 속았습니까?"라고 물어보면 "그럴 줄 몰랐습니다"라고 한다. 그리고 상대방의 마음이 자신의 마음과 같다고 생각해서 계략을 곧이곧대로 듣는다. "친구인데, 친척인데, 이웃인데, 동료인데, 동업자인데 어떻게 그들이 나를 속인다고 생각할 수 있습니까?"라고 한다.

둘째, 매사에 관심이 없는 사람이다. 나름의 판단 기준을 만들어 그에 맞추려는 노력을 기울이지 않는다. 상대방의 제안에 자기 의견을 제시하려는 생각이 없이 그냥 듣고만 있는 사람이다. 다행히 선한 사람을 만나면 좋은 결과를 나누지만, 악한 사람을 만나면 몸과 마음을 빼앗기고 인생을 망치고 만다. 이런 유형은 상대방의 계략에 호되게 당한 사건도 금방 잊어버리는 게 문제다. 얼마 지나지 않아 비슷한 사건에 연루되어 또 고생한다.

셋째, 매사를 귀찮아하는 사람이다. 이런 사람들은 대체로 게으르다. 청소하기 귀찮아서 집 안을 쓰레기장처럼 해놓고도 치우지 않는다. 물건을 아무 곳에나 둬서 어디에 있는지 모른다. 이런 것은 조금만 부지런하면 간단히 해결될 일이다. 제자리를 정하고 그 자리에 두기만 하면 쾌적한 환경이 될 수 있다. 이런 사람은 머릿속도 지저분하다. 끝내야 할 일은 마감하고 버릴 일은 치워야 하지만 시작만 있고 결말은 없다.

거짓이 횡행하는 세상에서 속임수는 지혜로운 사람의 정당한 행위이고, 속는 것은 어리석은 사람의 무지로 치부된다. 전쟁터 같은 이 세상에서 상대의 계략에 넘어가지 않으려면 어떤 대비를 해야 할까?

첫째, 자신을 위험에 노출시키지 마라. 관광지에서 지갑을 열어 보이는 것은 소매치기에게 내 돈을 가져가라고 말하는 것이나 다름없다. 지켜야 할 것은 함부로 보이지 마라. 약점이 노출되면 그때부터 지킬 수 없는 것이 된다.

둘째, 상식적인 판단을 하라. 상식이란 일반적인 지식이나 판단력이다. 상식으로는 이해할 수 없는 조건이라면 그 자리를 떠나라. 상식을 뛰어넘는 파격적인 제안은 당신을 위한 것이 아님을 알아두자.

셋째, 주변 사람들에게 물어보라. 묻는다는 것이 부끄러울 수 있지만 속는 것보다 백 배 낫지 않겠는가? 스스로 답을 찾아야 한다고 생각하지 마라. 혼자서 완벽하게 해결해야 한다고 생각하지 마라. 모르면 무엇이든지 물어보라. 당신의 고민을 이미 해결한 사람이 있을 것이다.

우화에서 고양이는 생쥐를 속이기 위해 죽은 척했다. 생쥐들이 고양이가 죽었다고 판단해서 겁 없이 행동했다면 고양이의 먹잇감이 되었을 것이다.

수박의 겉은 파랗지만 속은 빨갛다. 보이는 것이 전부가 아니다. 겉을 보고 속을 알아내기란 어렵다. 한솥밥을 먹는 가족들도 마음을 모를 때가 있다. 하물며 거래 관계에 있는 상대는 어떻겠는가? 어수룩하게 다가오는 사람이라고 만만하게 보지 마라. 뒤통수를 맞을 수도 있다.

달콤한 제안일수록
조심하라

✦ **늑대와 화해한 개**

늑대가 개한테 말했다. "너희는 우리와 닮았는데, 왜 서로 형제처럼

지내지 않지? 생각하는 것 말고는 우리와 다른 게 없잖아. 우리는 자

유롭게 살고, 너희는 사람들에게 복종하고 노예로 살지. 매도 견디

고 목줄을 달고 가축들을 돌보잖아. 게다가 주인은 너희에게 뼈다귀

만 던져주잖아. 우리를 믿고 가축들을 넘기면 배불리 먹을 수 있을 거

야." 개는 늑대의 제안에 솔깃해 외양간에 들어오게 했다. 외양간으로

들어온 늑대는 개를 먼저 죽였다.

행복은 현재형이다. 현재가 행복하면 이전에 힘들었던 일도 아름답게 보인다. 미래의 고난이 두렵다는 생각도 들지 않는다. 행복은 목표지향형이다. 그렇기에 현실의 고난에도 목표를 바라보며 행복을 생각한다.

행복을 찾아가는 여정에는 2가지의 마음이 서로 충돌한다. '지금 바로 일어나자'라는 마음과 '조금만 더 누워있자'라는 마음이 싸운다. '나는 할 수 있어'라는 굳센 다짐을 하고 고객에게 가려는 마음과 '문전박대를 당하기 전에 그만둘까'라는 상반된 생각이 망설이게 만든다. '이번에는 다이어트에 성공할 거야'라는 다짐으로 음식을 조절하려는 마음과 달콤한 초콜릿의 유혹에 '한 조각쯤이야' 하는 마음이 다툰다.

기업은 경기가 어려울 때마다 약방의 감초처럼 '상생'이라는 슬로건을 내건다. 대체로 '갑'의 위치에 있는 대기업이 이를 요청하고 협력 업체인 '을'이 따른다. 이런 슬로건은 경기가 호황일 때는 잘 안 보인다. 경기가 어려울 때 보이고, 주로 갑의 입장에서 전개된다. 을을 보호하는 것처럼 들리지만, 을은 갑이 자신을 죽이려드는 것으로 알고 몸을 사린다. 갑이 손해를 감수하면서 상생이란 명목으로 을을 도와준 적이 없었기 때문이다.

악어와 악어새의 관계는 공생 관계다. 필요한 것을 주고받는 아름다운 관계다. 그러나 악어의 몸에 벌레가 없다면 악어새는 악어에게 접근하지 못했을 것이다. 또한 악어도 벌레를 제거해주지 않으면서 입속을 들락날락하는 새를 가만두지 않을 것이다. 상생이란 자신이 뭔가를 얻을 것이 있는 승자의 느낌이 있을 때, 그제야 상대방이 파트너로 보인다. 그게 세상 이치다.

달콤한 말로 접근하는 사람들, 갖가지 미끼로 유혹하는 사람들. 달콤한 말과 미끼는 누구를 위한 것일까? 자신의 이익 때문이 아니겠는가? 그렇기에 달콤한 제안 뒤에 숨겨진 것을 살펴야 한다.

우화에서 늑대의 달콤한 제안을 수락한 개처럼 스스로를 망치는 우를 범하지 마라. 달콤한 제안을 받았을 때는 '혹시 나를 속이려는 건가?' '혹시 나를 성공의 디딤돌로 삼으려는 것 아닌가?'라며 잠시라도 그 의도를 생각해보라.

덫이라 판단되면
그 자리를 벗어나라

✦ **사자와 황소**

사자가 거대한 황소를 죽이겠다는 계획을 세웠다. 사자는 황소에게

양을 제물로 바칠 테니 향연에 오라고 했다. 황소가 와서는 여러 개의

대야와 커다란 꼬챙이를 보고는 아무 말 없이 자리를 떴다. 화가 잔뜩

난 사자는 황소를 비난하며 "왜 이유도 없이 가버렸냐"고 물었다. 황

소가 대답했다. "나는 양이 아닌 황소에게 쓸 물건들이 준비된 것을

보았기 때문이오."

밀렵꾼은 들짐승을 잡으려고 덫을 놓는다. 덫은 들짐승이 자주 다니는 길목에 감쪽같이 설치된다. 덫에 한번 걸리면 스스로의 힘으로는 빠져나갈 수 없다. 몸부림을 칠수록 더욱 조여져서 목숨을 잃는다. 덫에는 들짐승이 좋아하는 먹이로 유혹한다. 들짐승은 처음에는 먹이를 보고 경계하지만, 결국 냄새에 자제력을 잃고 덫을 물어버린다.

세상에 '웬 떡'이란 없다. 다들 사연이 있고 꿍꿍이가 있다. 야생 동물들은 눈앞의 먹이를 봐도 처음부터 덥석 물지 않는다. 주위에 그들을 노리고 있는 공격자가 있는지 두리번거리며 살핀다.

더욱이 기러기처럼 무리 지어 다니는 새들은 파수꾼을 두기도 한다. 파수꾼은 동료들이 안심하고 먹이를 먹을 수 있도록 주변을 살핀다. 공짜로 주어지는 떡은 없다는 것을 알고 있기 때문이다.

동물을 잡는 덫이 야산에만 있는 게 아니다. 우리가 살고 있는 세상에도 선량한 사람들을 잡아먹으려는 유혹의 덫이 깔려 있다. "당신이 기술을 제공하면 우리는 자금을 대겠다. 그러니 합작을 하자"며 접근한다. 그들은 합작 후에 어느 정도 기술을 빼가면 자금을 회수하거나 약속을 깨버리는 '기술 사냥꾼'이다. 대박을 꿈꾸며 주식에 여윳돈을 투자하지만, 작전 세력들의 덫에 걸려 빈 깡통을 차기도 한다.

근사한 사무실을 차려놓고 그럴듯한 사업계획서를 제시한다. 사람들의 판단력을 흐리게 하는 사기꾼은 어느 정도 돈이 모아지면 흔적도 없이 사라진다. 사람들은 무지갯빛 청사진과 충분한 배당, 빠른 시간 내에 부자가 된다는 사탕발림에 넘어간 것이다.

우화에서 황소는 사자의 달콤한 유혹에 덫이 있다는 걸 재빨리 알아채고 피했다. 목적을 이루지 못한 사자는 허기를 채워줄 황소를 끊임없이 유혹할 것이다. 열 번 찍어 안 넘어가는 나무가 없다고 한다. 황소가 사자와 함께 산다면 언젠가는 사자의 마수에 걸려들지 않겠는가? 유혹에 빠지지 않으려면 사자가 있는 곳에서 멀리 떠나야 한다.

상식을 넘어서는 혜택이나 조건은 정상적이지 않다. 덫을 놓은 것이라고 의심해봐야 한다. 사탕발림인지 생각해볼 일이다. 만일 덫이라고 판단되면 아예 그 근처에는 기웃거리지 마라. 그들과 일체 어울리지 마라. 본전이라도 찾겠다는 미련을 버려라.

전문가는
쉽게 되는 것이 아니다

✦ **원숭이와 어부들**

원숭이가 높은 나무 위에 앉아서 강에 그물을 던지는 어부들을 보고

있었다. 잠시 후 어부들은 그물을 두고 점심을 먹으러 자리를 떴다.

그러자 흉내를 잘 내는 원숭이가 나무에서 내려왔다. 어부들처럼 하

려고 했지만, 실수로 그만 그물에 걸렸다. 물에 빠져 허우적거리는 원

숭이가 생각했다. '이런 일을 당해도 싸지. 왜 배우지도 않고 낚시를

하려고 했을까?'

평생을 고기잡이로 생계를 유지하는 사람이 있는가 하면, 이곳 저곳을 떠돌아다니며 행상을 하는 사람도 있다. 자기 직업에 만족 하는 사람이 있는가 하면, 기회가 오면 언제든지 그만두겠다고 생 각하는 사람도 있다. 넥타이를 매고 아침마다 출근하는 일이 지겹 다는 사람이 있는가 하면, 하얀 와이셔츠를 입고 출퇴근하는 직장 인이 되고 싶다는 사람이 있다.

그런데 생각만 할 뿐 시간은 흐른다. 결국 지금의 일을 그만두 지 못한다. 그 결과 오랜 세월 한 분야에서 일하면서 노하우가 쌓 이고, 어느새 달인의 경지에 오르기도 한다.

가끔 한석봉과 그의 어머니 이야기를 들으면서 한 분야에서 열 심히 해야겠다는 생각이 든다. 한석봉의 어머니는 생계 때문에 평 생 떡을 만들고 썰었다. 어머니의 시작 역시 서툴렀을 것이다. 그 런데 아들이 공부하기 힘들다고 집으로 돌아왔을 때, 어머니는 떡 썰기 부문에서 높은 경지에 이르렀다. 등잔불을 끈 칠흑 같은 어 둠 속에서 한 치의 오차도 없이 떡을 썰었다. 형편없는 글씨를 쓴 아들은 머리를 들지 못하고 집을 떠났다. 한석봉은 이후 한눈팔지 않고 글쓰기에 매진해, 조선 최고 명필가 반열에 오른다. 명나라의 명필가 주지향은 한석봉을 가리켜 "중국 최고의 서예가 왕희지와 우열을 가리기 어려울 정도로 글씨가 뛰어나다"고 극찬했다.

매스컴에서 소개되는 '달인'의 모습은 누구나 따라 할 수 있을 것 같다. 그런데 구경꾼에게 그 일을 해보라고 시켜보면 쩔쩔맨다.

한 예능 프로그램에서 여자 유도선수들과 건장한 개그맨들이 대결을 했다. 몸집에서는 개그맨이 월등했지만 시합에서는 힘도 못썼다. 차이가 나는 이유는 분명하다. 프로 선수는 혹독한 훈련과 인내의 시간을 견뎠기 때문이다.

우화에서 원숭이는 자기도 어부처럼 할 수 있을 것 같아서 그물을 던졌다. 젊은이에게 과감한 도전정신과 의지는 필요하다. 그래야 실력이 쌓이고 한 분야의 전문가가 될 수 있다. 과감한 도전과 의지는 무모함과는 다르다. 무모하게 덤비는 것은 작전이 없는 것과 같다. 방법도 모른 채 덤벼드는 것이다. 방법을 모른다는 것은 제대로 할 수 없다는 뜻이다.

원숭이는 무모하게 그물을 던졌고, 그 결과 자신이 그물에 걸렸다. 그물 던지기는 경험이 없어도 누구나 쉽게 할 수 있는 일이라며 우습게 본 결과다. 아무리 천재라 해도 배우지 않으면 할 수 없다. 배우지 않으면 천재의 머리도 무용지물이다.

영어를 잘하려면 영어 공부를 해야 하고, 수학을 잘하려면 수학 공부를 해야 한다. 머리가 영특해도 구구단을 외우지 않으면, 구구단을 알고 있는 둔재를 이기기가 쉽지 않다. 따라 하는 것만으로 누구나 전문가가 된다면 잘나가는 사람들이 하는 분야에 무조건 뛰어들면 된다. 사업 다각화가 필요한 기업은 다각화로 성공한 기업을 그대로 따라가면 된다. 우등생 친구들이 보는 참고서를 구입해서 꾸준히 보면 우등생이 될 확률이 높아진다.

다만 세상일에 '무조건'이란 없다. 원인이 있어야 결과가 있고, 씨를 뿌려야 열매를 맺는 것처럼 말이다. 따라 하기로 성공하고 싶다면 '무조건'이란 단어는 머릿속에서 지우자. 상대가 무엇을 준비하고 어떻게 하는지 관찰하자. 내가 생각하던 것과 무엇이 다른지 비교해봐야 한다. 찾아가서 배우고 현실에 적용하고 스스로 점검하는 절차가 있어야 한다. 그럴 때 비로소 내 것이 된다.

비슷하다고
다 같은 것은 아니다

✦ **개와 조개**

> 어떤 개가 달걀을 삼키는 습관이 있었다. 어느 날 개는 조개를 달걀인
>
> 줄 알고 입을 벌려 삼켜버렸다. 뱃속이 무거워지고 병이 난 개가 말했
>
> 다. "이래도 싸지. 둥근 건 모두 달걀로 생각했으니."

단돈 몇 만 원짜리 싸구려 시계가 유명 브랜드로 위장되어 수백만 원에 거래된다는 보도를 접한 적이 있다. 인터넷 서핑을 하다 보면 가짜 브랜드 상품이 버젓이 팔리고 있다. 겉모습만으로는 판단하기 어려울 만큼 정교해서 사람들을 헷갈리게 한다. 주로 핸

드백이나 시계처럼 고가의 사치품이 가짜였다. 그러나 지금은 생선, 산나물, 쇠고기, 과자, 화장품 등까지 가짜가 있다. 심지어 달걀까지도 가짜가 있다니 놀라울 정도다.

가짜에도 나름대로의 급수가 있다. 모습만 비슷한 저급품이 있는가 하면, 질적인 면에서 명품과 구별이 어려운 고급품도 있다. 명품을 가지고 싶지만 돈이 없으면 가짜 제품을 산다. 누군가 꼬치꼬치 따지지 않으면 명품으로 오인된다. 더욱이 명품을 접해보지 못한 사람은 그것이 명품인지 가짜인지 아무리 설명해도 잘 모른다.

명품을 좋아하는 마음을 왈가왈부할 일은 아니다. 그 사람의 선택이고 가치관이다. 명품을 선호하는 사람들은 '싼 것을 여러 개 사느니 단 한 개라도 명품을 사서 오래 사용하면 오히려 경제적'이라고 설명한다.

가짜 박사학위로 사람들을 속이는 사람들, 재벌 2세라며 여성들을 현혹시키는 남자들, 엉터리 개발 계획으로 투자자를 유혹하는 사람들, 자신의 정체를 숨기고 진짜인 것처럼 사람들을 현혹시키는 사람들. 어지간한 정보 없이는 그들의 속임수를 알아차리기가 어렵다. 더욱이 상대방의 말을 믿고서 횡재했다고 좋아하다가는 몸도 망가지고 재산도 잃는다.

가짜를 만드는 사람들은 속이려고 덤벼든다. 그러니 조심하지 않으면 그들에게 속기 마련이다. 속지 않으려면 조심하고 또 조심하는 수밖에 없다. 그런데 우리가 항상 긴장 상태를 유지하는 것은 아니다. 비정상적인 때도 있고 판단이 흐려질 때도 있다. 피곤할 때가 있고 쉬고 싶을 때도 있다. 생각하려 해도 머리가 따라주지 않을 때가 있고 생각하기 귀찮을 때도 있다. 이럴 때 본의 아니게 엉뚱한 결정을 한다.

우화에서 개는 별생각 없이 조개를 집어삼켰다. 툭 건드려보거나 냄새만 맡았어도 달걀이 아니란 것을 알았을 것이다. 무의식적으로 '둥근 것은 달걀'이라 생각했기에 어처구니없는 짓을 한 것이다. 만일 사람들이 쥐를 잡기 위해서 쥐약을 넣은 음식을 늘어놓았다면 어떻게 되었을까?

우리는 아침에 일어나 잠자리에 들 때까지 습관적으로 일을 한다. 습관이란 일부러 주의를 기울이거나 노력할 필요가 없는 것이다. 그런데 매일 하는 면도도 조심하지 않으면 다칠 수 있다. 매일 하는 설거지도 방심하면 그릇을 깨뜨릴 수 있다. 비슷하다고 모두다 같은 것은 아니라는 말이다.

예상은
언제든 빗나갈 수 있다

✦ **애꾸눈 암사슴**

한쪽 눈을 다친 암사슴이 바닷가로 가서 풀을 뜯기 시작했다. 성한 눈

으로는 사냥꾼을 감시하려고 육지 쪽을 보았고, 다친 눈으로는 바다

쪽을 보았다. 그런데 배를 타고 온 사람들이 암사슴을 향해 활을 쏘았

다. 암사슴은 죽어가면서 생각했다. '난 정말 불행하구나. 육지가 함

정이 많다고 믿어서 감시했는데, 안전하다고 생각했던 바다가 더 위

험하다니.'

먹구름이 계속되면 장마가 들 것이라 예상하고, 구름 한 점 없이 맑은 날만 지속되면 가뭄이 올 것이라 예상한다. 그런데 예상과 달리 맑은 하늘에서 우박이 떨어지면 농사를 망치기도 한다. 상인이 먹구름을 보고 지하철 입구에 잽싸게 우산을 진열했는데 햇볕이 내리쬐어 허탕을 치기도 한다.

일찍 퇴근해서 모처럼 가족들과 외식을 하려 했다. 그런데 퇴근 무렵에 급한 일이 생겨 약속을 취소하기도 한다. 필요한 학점과 자격증만 있으면 장밋빛 미래가 펼쳐질 것이라 예상했는데 원하던 회사에 서류조차 못 낸다. 다른 회사에도 도전했지만 가는 곳마다 떨어진다. 결국 주변 눈치를 보는 신세가 된다. 이 정도의 음식이라면 손님이 감동할 거라 생각했는데 한 번 온 손님이 다시 오지 않는다. 실적을 올려서 승진할 것이라고 믿었는데 승진 대상자에서 누락되었다. 어찌 된 일일까?

우리들이 예상하는 일들이 항상 맞아떨어진다면 얼마나 좋겠는가? 인생 사는 맛이 달콤할 것이다. 그런데 우리의 예상은 빗나가거나 낭패를 겪기도 한다. 이런 경험을 많이 한 사람일수록 '예상은 원래 들어맞지 않는 것'이라고 말한다.

주부들은 물가를 고려해서 살림을 하고 학생들은 시험 문제를 예상하고 공부한다. 그럼에도 우리가 생각하는 대로 들어맞는 것은 아니다. 왜 그럴까?

첫째, 지식이 모자란 상태에서 예상하기 때문이다. 예상이란 자신이 알고 있는 범위 내에서 한다. 예상이란 다가올 일을 현시점에서 미리 생각하는 것이다. 현재를 기준으로 미래에 일어날 것을 기대한다. 만약 오늘 알고 있는 지식이 없다면 무엇을 예상하겠는가? 보았거나 경험한 것이라고는 하나도 없이 어떻게 멋진 집을 짓겠다고 선언하겠는가?

예상은 지금까지 축적된 경험치를 활용하는 것이다. 축적된 경험이 없는 예상은 빗나가기 마련이다. 기상청의 일기예보를 보자. 지금까지 축적된 데이터를 활용해서 기상 상황을 예측하지 않는가? 축적된 데이터가 없다면 고성능 컴퓨터가 있을지라도 무용지물이다.

둘째, 애초부터 잘못된 예상을 했기 때문이다. 본인은 정확한 예상이라고 자신하지만, 실상 근거가 없는 예상이다. 잘못된 좌표를 네비게이션에 입력하면 엉뚱한 목적지에 이른다. 나아갈수록 잘못이 누적되고, 결국 돌이킬 수 없는 과오가 된다.

셋째, 예상치 못한 돌발 변수가 나타났기 때문이다. 주가가 계속 상승하고 전문가들은 장밋빛 청사진을 들이대며 투자하라고 권유한다. 주위 사람들도 재미를 보았다며 자랑한다. 이런 추이라면 틀림없이 주식으로 한몫 잡을 듯해서 투자했다. 그런데 이게 웬일인가? 세계적인 경제 위기가 닥쳤다.

기록상으로 보면 우리 팀이 우승이다. 열심히 준비했고 선수들의 컨디션도 최상이다. 우리 팀 선수가 가뿐하게 출발해서 선두

그룹에서 달리고 있다. 그런데 이게 웬일인가? 함께 달리던 다른 팀 선수가 넘어졌고, 그 바람에 우리 팀 선수도 넘어져서 못 일어났다.

넷째, 예상은 정확했지만 이를 뒷받침하는 실행이 뒤따르지 못했기 때문이다. 철저한 조사와 풍부한 정보를 바탕으로 예상을 했지만 실행력이 뒤따르지 않으면 어쩔 수 없다.

우화에서 애꾸눈 암사슴은 나름대로 정확한 예상이라고 생각했지만 빗나갔다. 그는 자신이 예상한 것이 최선이라 생각했고 다른 변수를 고려하지 않았다. 우리는 일상을 예상하며 살아가고 있다. 그 예상이 항상 성공한다면 얼마나 좋을까?

그러나 마음대로 되지 않는 게 현실이다. 위험한 길이라도 갈 것인가, 아니면 안전한 길만 갈 것인가? 위험한 길이 행복의 길이 되고, 안전한 길이 불행의 길이 될 수도 있다. 우리의 예상이 뒤집힐 수 있다는 말이다.

세상에 공짜는 없다. 당신이 어떤 길을 가든 그 길에 관심을 가질 때 길이 열린다. 안전한 길이란 저절로 주어지는 것이 아니다. 당신이 혼자서 가지 못하는 길이라면 가이드와 함께 가라. 당신의 예상을 고집하지 마라. 빗나갈 수 있다는 것을 인정하고 수시로 지식을 업그레이드하라.

오십에 다시 읽는 이솝우화

초판 1쇄 발행 2024년 4월 23일

지은이 | 강상구
펴낸곳 | 원앤원북스
펴낸이 | 오운영
경영총괄 | 박종명
편집 | 김형욱 최윤정 이광민 김슬기
디자인 | 윤지예 이영재
마케팅 | 문준영 이지은 박미애
디지털콘텐츠 | 안태정
등록번호 | 제2018-000146호(2018년 1월 23일)
주소 | 04091 서울시 마포구 토정로 222 한국출판콘텐츠센터 319호(신수동)
전화 | (02)719-7735   팩스 | (02)719-7736
이메일 | onobooks2018@naver.com   블로그 | blog.naver.com/onobooks2018

값 | 18,500원
ISBN 979-11-7043-525-9 03190